CHINA HIGHER EDUCATION REVIEW

厦门大学高等教育发展研究中心资助

厦门大学出版社　国家一级出版社
XIAMEN UNIVERSITY PRESS　全国百佳图书出版单位

图书在版编目（CIP）数据

中国高等教育评论. 第 16 卷 / 陈武元主编. -- 厦门：
厦门大学出版社，2022.12
　　ISBN 978-7-5615-8856-7

　　Ⅰ．①中… Ⅱ．①陈… Ⅲ．①高等教育—研究—中国
Ⅳ．①G649.2

中国版本图书馆CIP数据核字(2022)第214477号

出 版 人	郑文礼
责任编辑	曾妍妍
出版发行	厦门大学出版社
社　　址	厦门市软件园二期望海路 39 号
邮政编码	361008
总 编 办	0592-2182177　0592-2181253(传真)
营销中心	0592-2184458　0592-2181365
网　　址	http://www.xmupress.com
邮　　箱	xmupress@126.com
印　　刷	厦门金凯龙包装科技有限公司

开本	787 mm×1 092 mm　1/16
印张	12
字数	210 千字
版次	2022 年 12 月第 1 版
印次	2022 年 12 月第 1 次印刷
定价	60.00 元

本书如有印装质量问题请直接寄承印厂调换

厦门大学出版社
微信二维码

厦门大学出版社
微博二维码

目录
CATALOG

特稿

教育与经济增长 …………………………………………【闵维方】/ 3

教育的不确定性 …………………………………………【林建华】/ 17

一流学科建设

基于知识观对一流大学与一流学科建设的反思 ………【荀　渊　曹荭蕾】/ 29

新文科建设与新技术融合发展若干问题的思考 ……………【王保华】/ 40

新文科背景下教育学科高质量发展的战略思考 ……………【朱德全】/ 46

教育基本理论

教育内外部关系规律的前提性追问与辩证性反思 …………【李枭鹰】/ 57

高等教育学："交叉学科"门下的一级学科

　　——中国高等教育学学科身份重塑的一种可能

　　路径 …………………………………………【陈兴德　张　斌】/ 68

基于校训比较的涉农高校办学理念优化研究 ………………【黄　敏】/ 82

教育治理与保障

高校的智力服务价值与创业型组织构建

　　——破除高校"五唯"的一个重要向度 ·················【张继明】/ 97

后真相背景下大学生网络议事的现状分析及其进路探讨 ······【孟　玲】/ 113

国际与比较高等教育

美国社区学院的利弊分析 ·······················【万毅平　唐旻丽】/ 129

教育史与考试研究

近代高水平教育学科的生成逻辑与实践向度

　　——以私立厦门大学为例 ·····················【许　露】/ 151

潘懋元高等教育思想研究

潘懋元与阿特巴赫的三大理论分歧

　　——兼论高等教育研究的中国气派 ···············【解德渤　马萌迪】/ 171

特稿

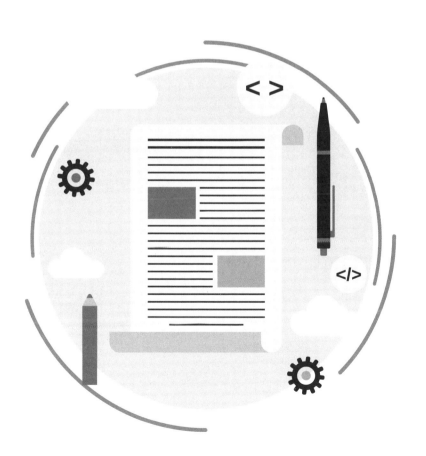

教育与经济增长

闵维方 *

（北京大学 教育学院，北京 100871）

摘　要： 经济增长是高质量发展的基础性问题。教育对经济增长发挥着极其重要的作用。在新的发展阶段，教育可以通过提高全要素生产率促进经济持续增长；通过提升劳动者素质推动产业结构升级；通过加快我国城镇化进程激活经济发展活力；通过调节收入分配促进公平扩大内需增加消费；通过助力资源节约型、环境友好型绿色产业发展推动经济整体转型。因此，实现经济长期可持续增长，顺利跨越中等收入陷阱，进而完成建设社会主义现代化强国的历史伟业，就必须充分发挥教育在经济社会发展中的基础性、先导性、全局性作用。

关键词： 教育；经济增长；作用机制；中等收入陷阱

伴随着以智能化为标志的新一轮产业革命的到来，我们的科学技术突飞猛进、知识经济高速发展，教育的价值和作用得以进一步凸显，一方面教育促进了个人的认知技能和非认知能力发展，这为个人和社会带来了比以往任何时代都大得多的经济价值和社会价值；另一方面在人类历史上未曾出现像今天这个时代一样，个人、地区乃至一个国家的发展繁荣都离不开教育的支撑作用。我很荣幸同厦门大学的老师和同学一起讨论在我国新发展阶段下的教育与经济增长这一重要问题。本文分两个部分：一是谈谈教育在经济增长中的重要性，二是谈谈教育促进经济增长的具体作用机制。

一、教育在经济增长中的重要性

首先是教育在经济增长中的极端重要性。经济增长是当前我国面临最重大

　　* 作者简介：闵维方（1950—　），北京大学教育学院/教育经济研究所所长，中国教育发展战略学会原会长，教授，博士生导师，研究方向为教育经济学。

最紧迫的问题之一。为什么这么说呢？因为保持可持续的经济增长既是满足人民群众日益增长的对美好生活的需求、促进经济公平社会和谐和共同富裕、实现全面建设现代化国家的目标的基本前提，也是实现充分就业，巩固扶贫脱贫成果，调节经济收入结构，增强综合国力和国际竞争力，应对当前日益复杂严峻国际经济挑战的重要基础。那么教育同经济增长有什么关系呢？可以说在今天，教育同经济增长有非常密切的关系。5 月 14 日，斯坦福大学的著名专家 Hanushek 也在一个论坛上讨论了教育与经济增长的问题，我先非常简要地介绍一下相关情况，这样有助于我们更好地理解今天研究中国教育与经济增长的本质。实际上，他讲得很简单。他用三个指标衡量个体能力是否达到了最低教育标准，如未达到则定义为技能缺陷（Skills Deficits）：第一是"Below basic"（基准线下）即学生不具备基本能力，指的是包括阅读、数学和科学的 PISA 测试中达不到 420 分。这是个基本的质量标准。第二是数量标准，即"In secondary school"，即中学入学率。从世界范围看，参加 PISA 测试的青少年不具备基本能力，即低于 420 分的比例是 62.8％，中学入学率是 64.1％。低收入国家和地区基准线下的比例为 95.2％，中低收入国家和地区为 82.2％，中高收入国家和地区是 34.3％，高收入国家和地区是 23.1％。这里他展示了不同收入国家和地区中（见表 1），青少年技能缺陷（Skills Deficits）的比例。其中高收入国家和地区的比例相对较低，而低收入国家和地区的比例相对较高。他的第三种衡量基本技能的指标是使用 PISA 测试一道涉及汇率计算的基本数学问题进行衡量。由于该问题属于在现代经济生活中常用且较为基本的问题，因此如果无法正确回答该问题的测试对象设定为 uncompetitive，即不具备竞争力。接着他用世界地图展示了世界上不同国家和地区在 PISA 测试中基础能力不达标（PISA 测试低于 420 分）学生的比例。我们可以得出以下结论：第一，世界上至少有 2/3 的青少年没有获得基础能力。第二，在 101 个国家和地区，没有达到基础能力的青少年的比例超过一半，其中 37 个国家的比例超过 90％。第三，即使在高收入国家和地区，也有 1/4 的青少年缺乏基础能力。第四，中国（即中国参加 PISA 考试的四个省市：北京、上海、江苏、广东）的青少年不达标比例是较低的。2015 年对全球 100 多个国家和地区自 1960 年以来分别以国家和地区为单位的经济增长状况的研究，显示了教育对一个国家和地区的长期经济增长的极端重要性。大家可以看到，新加坡、韩国、中国（主要是改革开放以来）、中国香港从 1960 年到现在的长期经济平均增长率是比较高的，但是像拉丁美洲和撒哈拉以南的非洲就是比较低的。大家也可以发现经济增长率最高的，它的教育发展水平和质量也是最高的。可以说，教育水平和质量比较高的东亚地区,拉丁美洲地区的大量国家和地区陷入中等收入陷阱。这说明教育对长期的经济增长具有极端重要性。

表 1 世界不同收入水平国家和地区的青少年技能情况和中学入学率

	基准线下	中学入学率
世界均值	0.628	0.641
低收入国家和地区	0.952	0.305
中低收入国家和地区	0.822	0.561
中高收入国家和地区	0.343	0.800
高收入国家和地区	0.231	0.930

资料来源:根据 Eric Hanushek 2022 年 5 月 14 日在世界教育论坛(Forum for World Education,FWE)上的演讲整理而成。

我国现在人均 GDP 是 1.2 万多美元,是一个中高收入国家。离世界银行确定的高收入国家人均 GNI 标准还差一点。我们必须通过可持续的经济增长,尽快跨越"中等收入陷阱",成为高收入国家。当然,即使我国到达高收入国家的门槛水平,我们距离人均 GDP3 万美元以上的发达经济体的人均高收入水平仍有很大差距。当前要跨越"中等收入陷阱"对我国来说至关重要。而要跨越陷阱,就必须保持经济的可持续增长。否则,即使跨越了,还可能重新跌入陷阱。很多国家没有跨越,例如阿根廷等拉美 8 国。而有些国家则顺利跨越了"中等收入陷阱",比如日本,自 1974 年人均 GDP 突破 4000 美元的大关后,日本仅仅用了 12 年就顺利跨越了中等收入陷阱,进入到被全世界认可的高收入国家行列。在这里有必要说一下"中等收入陷阱"的概念,所谓"中等收入陷阱"本质上是一种经济停滞的状态,它是由一国的人均收入达到中等水平后,经济发展方式不能顺利转变,经济增长动力长期不足所导致的。综合来看,这些国家和地区通常有着以下典型特征:第一,经济因多年稳定的、高速的发展使得国民收入水平达到中等收入水平;第二,自此出现经济增长迟滞、贫富分化严重、社会矛盾加重、公共服务短缺等诸多问题。究其根本,是因为这些国家和地区在经济发展过程中忽视了教育的重要作用,经济过于依赖国际社会的产业转移,在人力资本质量低下、自主创新能力薄弱、产业升级空间狭小等因素的掣肘下,这些国家和地区一方面与低收入国家和地区相比在工资方面缺乏竞争力,另一方面与发达国家和地区相比在高新科技方面缺乏竞争;不仅如此,也通常会陷入以往由低收入进入中等收入发展模式的路径依赖之中。举例来讲,在 20 世纪 70 年代阿根廷等拉美 8 国及世界其他一些地区的国家就早已经进入了中等收入国家行列，但直到现在，这些国家仍徘徊在 4000 美元至 12000 美元人均 GDP 的发展阶段，而与之形成鲜明对照的是日本、韩国、新加坡等国家，这些国家凭借着良好的教育、高质量的人力资本，最终顺利跨越了"中等收入陷阱"。

至此，我们看到教育同经济增长关系非常密切。下面，我们就回到在我国新发展阶段下，教育在经济增长中的作用这个主题上来。

二、新发展阶段下我国教育促进经济增长的作用机制

我国经济进入新发展阶段，这个新的阶段的经济增长特征是从过去追求高速度的、粗放的、不可持续的模式，转向中高速的、追求高质量高效益的、可持续的模式。因此，必须实现经济增长方式的转变，贯彻新的五大发展理念：一是"创新发展"，即从投资驱动向创新驱动发展转型；二是"协调发展"，包括区域协调、城乡协调和产业结构的协调发展；三是"绿色发展"，即实现资源节约型、环境友好型的发展，逐步实现碳中和；四是"开放发展"，即发展互利共赢、多元平衡、安全高效的开放型经济体系；五是"共享发展"，即实现经济发展繁荣的成果由全体人民共享。

在这个新的发展阶段下，我们面临着一系列问题和挑战。一是科技创新能力亟待提高，科技领军人才不足，关键技术对外依存度高（约 60%），例如芯片、光刻机、高端数控机床、高端轴承等技术，面临着被"卡脖子"的问题。二是结构性问题，包括产业结构、城乡结构和区域经济发展不平衡的结构性问题。三是资源问题，例如石油等能源对外依存度高，再例如我国人均水资源只有全球人均水资源的 29%，但是我国每万美元产出耗水 1340 吨，而美国是 410 吨、德国 220 吨、日本 190 吨，从人力资源角度看，我国人口老龄化加快，劳动年龄人口逐渐减少。四是经济收入分配差距大、基尼系数高。同时还伴随着国际经济环境的急剧变化，我国面临着日趋严酷的国际竞争等，都是我国新发展阶段面临的挑战和问题。要应对这些挑战和问题，我们必须有新的经济增长战略。在当前新阶段的经济增长过程中，要有效应对国际经济挑战，实现自主创新，从"人口红利"转向"人才红利"是关键之一，这就需要依靠教育，提升人力资本质量，在新发展阶段的"新常态"中构建"新格局"，形成新的经济增长动能，是我国新阶段实现经济可持续增长的主要源泉。因此，教育在新阶段的作用比以往任何时候都要大。

（一）教育通过提高全要素生产率促进经济持续增长

新阶段经济发展的要求是提高经济增长的质量和效益，而全要素生产率则是其中的关键所在。我们平时所说的"创新驱动"，实际上就是"全要素生产率驱动"。我国过去几十年的经济增长主要是靠投资驱动的，消耗大量的资源，因此是不可持续的，所以提高全要素生产率非常关键。具体来说，全要素生产率主要是指劳动力的量的投入和物质资本投入无法解释的那部分经济增值，即所有能促进导致经济增长的其他要素的总和。这些要素包括通过教育形成的知识创新、技术进步、社会经济制度进步、组织创新、管理创新、生产创新、专业化程度以及高质量人力资本等诸多因素，其中驱动全要素生产率的关键成分是高质量人力资本。所谓人力资本，是人们在受教育的过程中形成的能力和知识，这是未来劳动者和"干中学"的基本前提。因此，通过教育提高人的素质是提高全要素生产率的关键，尤其是在今天的知识经济时代，人力资本的量与质甚至或多或少地决定着全要素生产率的其他要素。可见，在当今世界上，高质量人力资本不仅是我国经济发展的关键，也构成了国家核心竞争力的关键要素之一。概言之，经济增长的全要素生产率驱动，实际上就是取代物质资本投资驱动后的创新驱动。而教育促进全要素生产率的功能发挥，实际上就是通过提高人力资本质量来实现的，这主要表现为如下三点：

首先，教育通过提升劳动者的非认知能力和认知能力，进而促进生产过程中的劳动生产率。尤其是在"刘易斯转折点"到来后，也即国家劳动力成本增加，但劳动力数量却不再增长的条件下，经济增长的重要引擎之一就要注重劳动生产率的提升。而教育不仅能提高劳动者从事标准化和复杂化工作任务的劳动生产率，还能对整个组织的生产能力起到促进作用。这其中一个重要原因在于，劳动者接受过良好教育之后，有更强的能力处理生产过程中的各种信息，也能更有效率地利用各项资源，并且受教育程度较高的劳动者普遍也有着较好的岗位培训接受度与掌握度，这些因素均可大幅降低相对成本、提升劳动生产率。举例而言，一位钳工提升级别，受过 10 年教育只需要训练 1 年或 1 年半，而只受过 5～6 年教育的训练时间平均要达到 5 年，这说明受教育水平与掌握新工种、获得和提高生产技能的时间息息相关。再比如，工人的教育水平越高，生产定额指标完成率会越高，损坏工具和设备的数量、生产中的废品率会显著降低。

其次，提高全要素生产率的最重要途径是创新。教育通过培养创新人才，促进科技创新和知识创新，助推生产过程中的产品更新和技术进步，是经济健康、持续发展的有力保障。第一,在经济增长当中,创新驱动归根到底是人才驱动,教育在创新人才培养方面具有关键作用,这也是当前各国都注重人才培养质量的核心原因。第二,各国虽然有着不同的科研体制,但基本都把大学视为国家创新体系的主导,并坚持以基础研究促进知识创新和科技创新。例如,2007年美国大学的学者提出压缩传感理论,这一基础研究的重大突破引领了应用科技的蓬勃发展,譬如雷达成像、光学、医学成像和模式识别、地质勘探方面取得重要进展,对经济增长起到了较大促进作用。诸如此类的案例,在世界顶尖大学里面还有很多。图1显示大学创新能力对经济增长的作用机制。可以说,一个国家的教育尤其是高等教育,如果无法持续产生创新成果和创新人才,就不可能实现创新驱动的经济增长。在中国存在着三个相互联系的科技创新系统:一是企业自身在市场激励下的技术创新(罗默的新增长理论详细地阐述了这一点);二是科学院的科技创新系统;三是教育系统中,特别是大学的科研系统在整个国家的科技创新体系中发挥着基础性的重要作用,应成为造就与吸引汇聚创新人才的高地和创新中心。

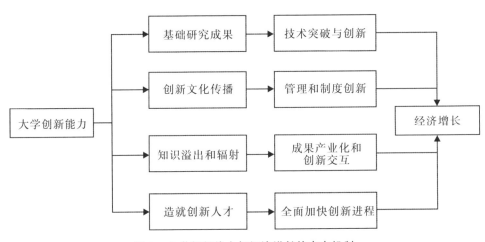

图1 大学创新能力与经济增长的内在机制

资料来源:余继,闵维方,王家齐.大学创新能力与国家经济增长[J].北京大学教育评论,2019(4):109-123.

最后,全要素生产率带来的经济增长,既取决于发展环境的变化、经济结构、技术进步而不断进行的管理方式和工作组织的制度创新和调整,更与工人的劳动效率和技术进步直接相关。生产制度的创新与改革,以及劳动力和工作组织配置结构的不断优化,对劳动者的有效流动有着重要促进作用。劳动者受过良好教育之后,将具备更好的适应能力,有效应对经济的迅速发展和技术的快速更新,进而善于在不断变化的工作环境当中掌握新技术、提高生产率。比如韩国虽然开启工业化进展较晚,但由于高度注重了教育在提升全要素生产率中的重要作用,切实发挥了人力资本对劳动生产率的带动作用,因而很快就实现了经济的腾飞。

(二)教育通过提高劳动者素质推动产业结构升级

提高经济增长质量、加强经济效益是新阶段的经济发展要求,而新阶段提高经济质量与加强经济效益,必须实现产业结构的优化和升级。在这个意义上,经济增长的过程一定程度上可以映射国家产业优化升级的结果。在这里,产业升级实际上包含了三个方面的意思:首先,产业升级是指国家的产业模式由劳动密集型产业向资本、知识及技术密集型升级。其次,产业升级暗含国民经济发展中心从第一产业过渡、升级至第二和第三产业。最后,产业升级要求产业内部结构的优化转型,是产业结构内涵式发展的过程。必须指出的是,不同产业升级的表现形态各不相同。具体来看:第一产业要从传统农业向以现代科技为基础的现代农业的转型;第二产业的结构重心应从轻工业转移到重工业,从轻纺织工业上升到重化工业,从低附加值的劳动密集型产业提高到高附加值的技术密集型产业和尖端科技产业;第三产业要求从传统的服务业向现代服务业转型升级。劳动力是产业结构升级的基础,而具有高级知识技能的劳动力则是产业升级的原动力。以劳动密集型农业和手工业为特征的产业转型升级到以资本密集型大机器工业时,亟须依靠掌握高级理论知识和实践能力的人才作为支撑。在这个意义上,我们必须通过教育才能培养出具有一定的科学文化理论知识、较强的实践操作能力、理解现代生产的规章制度、掌握现代科技的操作程序的劳动者。

党的二十大报告提出要建设现代化产业体系,着力推动高质量发展。其中,人的升级是产业升级的底层要求,尤其是人的受教育水平、知识与能力的提高是产业升级的重要内核。教育作为国之大计、党之大计,承担完成立德树人的根本任务,因此产业升级应当以教育事业为翘板,推动新阶段产业结构升级、进一步推动经济可持续增长。影响产业升级的因素很多,包括劳动分工情况、专业化生产、国家人力资本的积累、社会需求的转向、资源的开发与利用、国家的宏观政策与经济制度等。国际经验证明,教育在经济产业结构的优化与转型中发挥着基础性、先导性作用,因为只有人才的高度才能决定经济发展的高度。从世界经济发展规律来说,国家有相当数量接受过初、中等教育的人才储备是其产业结构从劳动力密集型产业向大机器工业生产转型升级的必要条件,而当产业结构进一步由资本密集型产业转向知识和技术密集型产业时,将越来越需要有大规模的接受过高等教育的劳动者。因此,高级人才是产业升级的生力军,而高等教育是培养高级专业人才促成产业升级不可或缺的前提条件。文盲、半文盲以及接受过初等教育的劳动者是农耕时代的劳动主力,接受过教育的劳动者则是大机器工业化时代的生产主体,而目前的智能化生产与知识经济时代,受过高等教育的从业者成为创造社会财富的主体。

(三)教育通过加快我国城镇化进程激活经济发展活力

推动城镇化进程既是一个国家实现现代化的必由之路,也是社会经济实现持续增长的现实之需,更是缩小城乡差别促进共同富裕的应有之义。诺贝尔经济学奖获得者、著名经济学家约瑟夫·斯蒂格利茨(Joseph Stiglitz)一度将"中国的城镇化"与"美国的高科技"视作深刻影响未来世界经济增长格局的两大重要动力因素。其中,教育无疑是我国在新发展阶段实现以人为核心的新型城镇化最重要的动力。

首先,教育是拓宽劳动者经济运作视野、提升劳动者科学文化水平、精进劳动者生产操作能力,进而提高劳动生产率,促进现代化转型的重要手段。国际经验表明,通过增加教育投资,可以更多地将农民从土地上解放出来,促进他们向收入水平更高的第二产业或第三产业转移,这个过程也将进一步加快我国新型城镇化进程。事实上,就全球而言,大部分的生产活动都集中于少数发达国家的大城市。一方面,在总人口规模不足10亿人的北美、欧盟和日本,却集中拥有着全世界3/4的财富,另一方面,在1.5%的陆地区域也集中着半数的生产活动。更进一步来看,在美国,纽约市土地面积不足美国国土面积的万分之一,却集聚着全美1800多万人口,也占据着全美10%的国内生产总值;在日本,大东京地区仅占日本国土面积的4%,却集中了全国25%的人口,并占据着日本近40%的国内生产总值,而整个日本的城镇化率在2014年就已经达到了91.4%。在中国,京津冀、长三角和珠三角三大城市群占我国国土面积的2.8%,却集聚着全国18%的人口,并创造出了36%左右的国内生产总值。

其次,教育是深度开发人力资源、全面提高人的素质基础,进而引领农村居民融入现代城市文明,实现"市民化"的必要前提。换言之,只有通过教育推动的以人为核心的新型城镇化,才是全面的城镇化,一方面,城镇社会的理念内涵决定了教育的重要作用。所谓城镇社会,是一个"社会分工更细、居民互动更多、社会互动规则更严密、公共领域更加发达"的社会,从根本上讲,这样的社会对人的人文、法律与秩序素养都提出了更高的要求,而唯有通过更加全面系统的教育,才能促进并提升这些素养。另一方面,新型城镇化的目标追求需要教育的支撑作用。所谓新型城镇化,是一个"坚持以人为本、城乡一体、互为促进、和谐发展"的城镇化。要实现这样的城镇化就必须大力发展教育,不断提升劳动者的素质和水平,进而推动城镇化的健康发展。

最后,城镇化水平的提升也会进一步激活经济发展活力。城镇化促进消费扩大,推动经济增长主要体现在以下两个方面:一是在城镇化进程中,在人口的集聚效应、生活方式变革、生活水平提高的共同作用下,生活性服务需求将进一步提升。二是城镇化进程,促进了生产要素的优化配置,提高了生产的规模效益,实现了三大产业的联动,推动了现代化农业发展,加快了社会分工的细化,扩大了生产性服务需求。凡此种种,都将进一步扩大内需,增加消费,拉动经济增长。

但是,按常住人口计算,我国目前的城镇化率只有60%,而按户籍计算城镇化率也不足45%,低于高收入国家的平均水平20个百分点。放眼近邻,当日本和韩国的人均收入水平与我国目前水平相当时,这两个国家的城镇化率都已经超过了75%。因此,我们必须认识到,通过大力发展教育,提高城镇化水平,是实现我国新发展阶段经济可持续增长的重要途径之一。

(四)教育通过调节收入分配促进公平增加消费扩大内需

公平而有质量的教育在调节收入分配格局,阻断贫困代际传递,促进共同富裕,进而增加消费、扩大内需方面发挥着不可替代的重要作用。一般而言,经济增长受投资、出口、科技创新、劳动力素质和居民消费多重因素的综合影响。其中,消费是促进生产的第一动力,"没有消费,就没有生产"[①]。已有研究表明,在我国,消费率每提高一个百分点,GDP增速将提高1.5%~2%。[②] 近年来,我国居民消费率虽有所增长,但仍然低于发达国家,未能达到世界平均水平。如此,消费对生产的促进和刺激就显得不甚显著。可以说,消费不足已成为制约我国经济持续健康发展的主要瓶颈之一。对此,"十四五"规划擘画了以国内大循环为

---

① 马克思恩格斯选集:第2卷[M].北京:人民出版社,1995:8-10.

② 杨瑞龙.收入分配改革与经济发展方式转变[N].人民日报,2013-02-21(7).

主体、国内国际双循环相互促进的发展格局。就当前中国而言,构建新发展格局的战略关键就在于扩大内需,而要扩大内需就必须刺激居民消费。

实际上,我国近年一直在强调扩大内需,推动经济增长从"投资驱动、出口导向"向"创新驱动、内需拉动"转型。在一系列改革举措的推动之下,外贸依存度也已从 2006 年的 67% 下降到 2019 年的 32%。但总体来说,该比例对于一个大型发达经济体而言仍然显得偏高。而近来国际政治经济环境急剧的非线性变化也使得我们更加认识到,构建以国内大循环为主体、国内国际双循环相互促进的新发展格局所具有的重大战略意义。对此,我国要充分激发教育在拉动经济增长、助力构建新发展格局过程中的应然价值,这就要求教育必须在扩大内需方面发挥重要作用。长期以来,居民消费意愿较为低迷,内需发展动力不足,极大制约了我国经济的增长势头。与此同时,我国居民储蓄率却是全球最高的,在 2008 年就达到 51.8%,现在虽略有降低,但还是保持在 45% 左右,仍是世界上居民储蓄率最高的国家。如何精准刺激居民消费是我国经济增长面临的重大挑战。早在新冠肺炎疫情暴发前几年我国就长期保持着"高增长、低消费"的发展态势。而在新冠肺炎疫情的"黑天鹅"效应之下,居民人均消费支出的实际增速从 2014 年的 7.5% 下降至 2019 年的 5.5%,接近该指标公布以来的最低值。与此同时,社会消费品零售总额的实际增速也从 2012 年的 12.1% 下降至 2019 年的 6%,亦达到 2008 年以来的最低点。已有证据证实,世界上的大型发达经济体大都依靠国内消费拉动经济增长,其中,美、英两国的居民消费率占比均超 65%,而新兴经济体中的巴西和印度的居民消费率也均高于中国(见图 2)。

一般来说,最终消费通常分为居民消费和政府消费,对我国而言,经济发展的主要问题在于居民消费过低。在"生产—分配—流通—消费"的经济发展逻辑中,消费既是一轮经济活动的终点也是新一轮经济活动的起点;既是激活内需活力、增强经济增长动力的关键抓手,也是加快构建国内外双循环健康发展新格局的重要一步。而刺激生产活动的关键则是妥善处理消费端动力不足的积弊,加快培育新型消费增长极,以消费升级引领供给侧结构性改革,实现高质量转型发展。而教育在扩大内需、拉动经济增长过程中往往扮演着重要角色,发挥着重要作用。

首先,教育可以进一步优化居民收入分配结构,通过刺激消费,来拉动经济增长。居民消费是以可支配的收入为基础的。我国消费不足的重要原因之一是收入分配结构不合理,收入差距过大,基尼系数过高,低收入群体过大,中等收入群体过小。现在一般的看法,我国中等收入群体占我国人口总数的比例还不到30%。而在国际上,发达国家的中等收入群体理想上应占 60%～70% 的比重,形

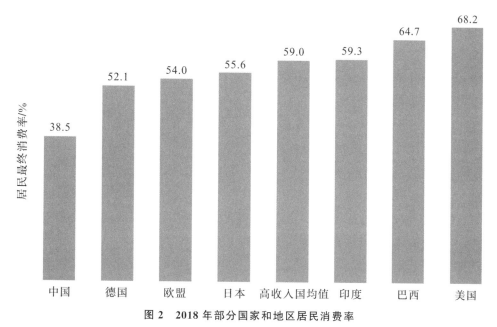

图2 2018年部分国家和地区居民消费率

资料来源：THE WORLD BANK. World Development Indicators[EB/OL].[2022-10-24].
https://databank.worldbank.org/reports.aspx? source＝world-development-indicators.

成相对均衡的"枣核型"分配结构。而大力发展教育事业,促进教育机会获得公平,普遍提高居民所受教育的水平和质量是新发展阶段我国进一步改善收入分配结构、缩小基尼系数、扩大中等收入群体、促进共同富裕的有效措施之一。事实上,只有持续扩大中等收入群体,才能进一步增加消费,从而有效扩大内需。那么,为什么教育有助于扩大中等收入群体呢？这是因为在一个相对完善的市场经济体制框架中,当企业管理人员和工程技术人员等受过较好教育的高收入群体规模扩大时,该群体在劳动力市场上的相对竞争优势和收入水平将有所下降,因为市场对该群体的劳动力需求相对稳定。而受中等职业教育的蓝领工人因收入水平和社会地位并不具有显著吸引力,匹配生产需求的队伍规模长期存在缺口,但随着生产扩大,该群体在劳动力市场上的竞争优势反而有所增强,其收入水平也会因劳动力供不应求而有所提升,从而有效调节收入分配结构。

其次,教育可以通过改善居民消费观念、提高消费技能,丰富消费方式,提高消费层次,优化消费结构,从而拉动经济增长。消费观念是指导消费行为深层动因,有什么样的消费观念就会有什么样的消费行为。就中国来说,消费率低与居民消费观念之间存在深刻的历史和现实联系。教育是开化社会的有效途径,受教育中等收入群体的扩张,使教育对居民消费观念、消费技能、消费方式、消费需求、消费层次、消费结构的影响从抽象变为具体、从形式变成内容,这种转变反映出教育基于消费者个体发展拉动经济增长的实践逻辑。国际经验表明,受教育程度较高的群体对教育、文旅、体育、休闲娱乐、卫生保健等非物质消费品的需求相对更大。而在科技发展日新月异,商品经济社会高度发达的今天,受过较高程度教育群体基本物质需求得到满足后,将自然转向对精神消费的追求,而非物质商品和服务往往更具发展想象力,形式和内容也更加多样,增长空间也比较广阔。可以预见,精神消费将成为未来我国优化升级居民消费结构和深度挖掘新增长点的重要战略地带。一般来说,受教育程度较高群体更容易接受新的消费观念,更善于通过理性思考进行合理消费,是潜在购买力转变为现实消费需求的关键人群。因此,通过提高国民受教育程度来刺激消费需求,实现消费升级,往往是拉动经济增长的重要途径。

此外,教育需求本身也是现代社会居民消费需求的关键构成,提高教育供给质量本身也是扩大内需的有效路径。已有经验表明,扩大教育投资是促进教育事业繁荣发展,提高教育供给水平的关键所在,其不仅可以通过劳动者素质结构升级推动社会全要素生产率提升,还可以进一步推进产业结构升级和城镇化水平,并可以通过优化收入分配结构,促进居民消费,从而拉动经济增长。事实上,教育投资和教育规模的扩张,不仅从客观上推动各级各类受教育者群体的规模增长,还能刺激教育基建的消费需求,从而拉动教育相关的产业发展。如教育技术设备采购,校园校舍和相关配套建筑建设,教师队伍扩充和教师专业发展,等等。这些教育事业配套的基础设施建设都需要大量人、财、物力的投入,这些投入不仅拉动教育事业发展,也刺激教育相关产业的发展,对扩大社会总消费需求,拉动经济增长具有相当程度的促进作用。

(五)教育有利于资源节约型、环境友好型的绿色经济增长

新阶段的发展要求是资源节约型、环境友好型的"绿色"经济增长,这样才能实现发展的可持续,并逐步实现"碳中和"的目标。教育在绿色经济增长中具有重要作用。大多数已有教育对经济增长影响的研究针对的是以传统 GDP 为核心的国民经济核算体系,而传统 GDP 的核算没有考虑到生产带来的负面效应,例如资源消耗和环境破坏。在环境越来越受重视的新阶段,这一缺陷是致命的,很容易对经济发展造成误导。发挥教育在资源节约型、环境友好型的绿色经济增长中作用,是高质量经济发展的关键。因此,在新发展阶段,充分发挥教育对

绿色经济增长促进作用是一个具有重大战略意义的问题。为了揭示教育的这一作用,我们首先测算出各个国家或地区的绿色 GDP 水平,然后提出一种间接教育与绿色增长的相互关系的理论框架(见图 3),并构建了估算教育与绿色经济增长的计量经济模型。实证研究结果表明,教育有利于国家经济绿色增长,并且相对传统 GDP,教育对绿色 GDP 增长的影响更为显著。这对于深入理解和认识教育对助力经济更快更好地完成转型,实现全面可持续发展的功用具有意义。

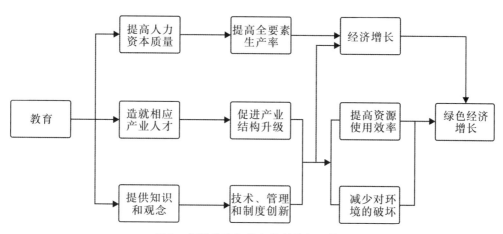

图 3　间接教育与绿色增长的相互关系

我们据此理论框架构建了教育对促进绿色 GDP 经济增长的计量经济模型(采用近似索洛增长模型的结构,变量的系数也与索洛模型有着相同的含义,即各要素对经济增长的贡献)。绿色 GDP 模型中资本和教育的系数显著大于 GDP 模型,这意味着资本和教育的增长对绿色 GDP 增长的贡献率要大于对传统 GDP 增长的贡献率,而人力资本的增长更有利于 GDP 增长,教育对绿色 GDP 的贡献率大于对传统 GDP 的贡献率。

总之,我们在上述五个方面论证了教育在新发展阶段中对促进经济长期可持续增长有越来越重要的作用。我们国家在新的发展阶段,要实现经济长期可持续的增长,顺利跨越中等收入陷阱,进而完成建设社会主义现代化强国的这个伟大历史任务,我们就必须不断加大教育投入的力度,充分重视教育在经济社会发展中的基础性、先导性、全局性的战略作用,把教育优先发展战略落到实处。只有这样,我国才能够实现新阶段的经济发展目标。

Education and Economic Growth

Min Weifang

(Graduate School of Education，Peking University，Beijing 100871)

Abstract：Economic growth is the basic problem of high quality development. Education plays an extremely important role in economic growth. In the new stage of development, education can promote sustained economic growth by improving total factor productivity; Promoting the upgrading of industrial structure by improving the quality of workers; Activating the vitality of economic development by accelerating the process of urbanization in China; Promoting fairness by adjusting income distribution, expanding domestic demand and increasing consumption; Promoting the overall transformation of the economy by helping the development of resource-saving and environment-friendly green industries.Therefore, in order to achieve long-term sustainable economic growth, successfully surmount the middle-income trap, and then complete the historical cause of building a socialist modernization power, we must give full play to the basic, leading and overall role of education in economic and social development.

Key words：education; economic growth; mechanism of action; middle-income trap

教育的不确定性

林建华 *

（北京大学 未来教育与管理研究中心，北京 100875）

摘　要： 教育是一项非常重要的人类活动，而且，随着科学技术、经济全球化和知识经济的发展，其重要性会愈加凸显。在本文中，我们把教育置于人类根本性活动的范畴之内，借助人类行动的基本性质和特征，揭示作为受教育者的学生与包括教师在内的"复多性"人之间的关系，从而确立了学生在教育中的主体地位。我们的分析还指出，不确定性是教育的本质属性，任何试图用制作代替教育行动的企图，都会扼杀学生的内在潜力，而且，这种伤害是不可逆的，将会在学生身上留下永久的印迹。降低教育不确定性的办法只能存在于教育行动之中，依赖于教育行动的启新和创造属性。

关键词： 教育；属性；复多性；不确定性

教育的重要性不言而喻，特别是在高等教育大众化阶段，教育成为社会各阶层关注的焦点。在整个生命过程中，人都是在接受某种教育，因而每个人既是受教育者，同时也是教育者。家长要教育孩子，师生之间"教学相长"，工作同事之间相互学习和相互帮助等，都具有教育色彩。在这个意义上讲，教育似乎并不神秘，每个人都在根据自己的经验和常识，进行着与教育相关的活动。但从教育实践看，教育又是一个非常复杂和困难的事情，其中最令人困惑的是教育的不确定性。例如，我们相信，在每个人的内心深处，都蕴含着巨大的内在潜力，但人的秉性、意愿、兴趣和能力是有差异的，即使有类似的生活和教育经历，但教育效果也可能千差万别。教育的不确定性令家长和教师焦躁不安，也促使人们以考试为标准进行教育，毕竟，智力的客观性和考试的公平感，会在一定程度上降低人们对不确定性的恐惧。

* 作者简介：林建华（1955—　），曾任重庆大学、浙江大学及北京大学校长，教授，博士生导师，研究方向为教育理论、教育管理。

应试教育是一个顽疾。人人都在抱怨应试教育,也清楚它会扼杀人的天赋和创造性,磨灭人的学习兴趣和思考的愿望,还会打击人的自信,使学生丧失理想抱负和独立精神。这样一种害人害己、拖累国家竞争力的教育方式,人们是鄙视的,但它带给人们那一丝公平和稳定,使其成为无法撼动的鸡肋。一些有识之士,壮士断腕般地推进改革,但很多都被碰得满身是伤、头破血流。还有一些聪明人,手上高举素质教育的大旗,脚下却仍在走着应试教育的道路。应试教育是一个体系性的综合问题,不仅涉及基础教育和高考制度,也与高等教育的质量、多样化程度密切相关,因而,问题的真正解决恐怕还尚需时日。但这并不意味着我们只能无动于衷。人和社会的进步都是渐进的。如果不运用人们的智慧去逐步解决当前的具体问题,而是一味等待,即使将来机会来临,也会手足无措。

欲解决问题,首先应理解它们。我们希望能够理解教育中的一些基础性问题,如不确定性是教育的特有属性,还是某类人类活动的一般属性;如果是一般属性,那么它们遵循什么样的规律,解决问题的途径又是什么等等。汉娜·阿伦特在《人的境况》中,对人类根本性活动做了全面阐述。[①] 她把人类根本性活动分为三类:劳动(labor)、制作(work)和行动(action)。"劳动"和"制作"都是以物为对象的,而"行动"则直接发生在人们之间,是由"复多性"[②]的人参与并决定的人类活动。教育是一项社会活动,参与者不仅有学生、教师和学校的管理者,还与家长、政府、企业、社会公众等多个群体密切相关,因而应属于人类行动的范畴。在本文中,我们将利用阿伦特人类根本性活动的理论框架,分析教育的特点,阐明教育不确定性的根源,以及可能的解决思路。

一、人类的根本性活动

劳动是与人体的生命过程对应的活动,身体自发的生长、新陈代谢和最终衰亡,都要依靠劳动产出和输入生命过程的必需品。劳动的人之条件是生命本身。制作是从传统的劳动范畴中剥离出来的。制作是一种与人存在的非自然属性相应的活动,制作创造了一个完全不同于自然环境的"人造"物的世界,它超越了周而复始的生命循环,成为世界"永久"存续。制作改变了世界,使其变得更加美

---

① 汉娜·阿伦特.人的境况[M].王寅丽,译.上海:上海人民出版社,2017:1.

② 陈高华.思考与判断:汉娜·阿伦特的哲学——政治之思[M].北京:中国社会科学出版社,2011:52-57.

好,更适合人类的居住和生活,常见的建筑、设计、艺术、科学和技术等活动都属于制作范畴。劳动产生剩余、创造价值和积累财富,但它并不是财富的唯一来源。制作也在创造价值,而且制作活动所带有的创造性和世界属性,使其成为现代社会创造财富的主要源泉。

制作的核心是创造。早期的制作主要是对自然材料的设计和加工,使其成为有用的工具、居室、艺术品和武器等。人类的思想、知识和技能也是制作的产物,虽不是实物,但仍可以通过代际传递或印刷品等方式流传下来。在通常情况下,制作的价值是很难核算的,有时甚至是无价的,因而只能由人才市场来确定。例如,一所世界顶尖大学,要在全球范围内与其他学校竞争最优秀的人才,因而人才的价值标准是全球化的。对于一所区域性的大学,它只需面对区域的竞争对手,其人才市场也必定是区域性的。在改革开放之前,我们国家处在一个封闭的国际环境中,平均主义和大锅饭还能行得通。创建世界一流大学的进程开始之后,我们要面对的是一个全球化的人才市场,原有的教师人事制度就难以适应了,必须进行人事制度的改革。任何一所大学,都不应让教师因生命必然性而变得浮躁和急功近利,学校要为学者们提供舒适的生活条件和良好的工作条件。只有摆脱"劳动"自然属性的束缚,人们才能享受到制作的乐趣与荣耀。制作的人之条件是世界性。

行动是发生在人们之间的人类活动,其必要和充分条件是人的"复多性"。行动必须多人参与,孤立个人不能构成行动,或者说孤立个人已不具备行动能力了。人的"复多性"不仅是数量意义的,还意味着人具有差异性。每个人都是独特的和独立的,他们都会从自己的立场出发,对事物做出独立判断。无数意志和愿望不同,甚至相互冲突的"复多性"人构成了人际关系的网络,行动只能发生在这个业已存在的网络中,也受制于这个网络。人的"复多性"是动态的,有着旺盛生命力的新来者会源源不断地加入网络之中,为行动带来了新思想、新理念,使行动不断启新,也使行动持续进行下去。人们常见的政治、经济、社会、文化等领域的活动都属于行动范畴,高等教育和大学也不例外。

人是具有承诺和信守承诺能力的,因而"复多性"的人并不是一盘散沙,它是一个有约束的群体。国家的法律法规、文化传统和伦理道德等,都是人们共同遵守的承诺和契约,它们像是茫茫大海中的灯塔,起到凝聚起人心、驱散恐惧的作用。例如,学术研究是自由的,但也要遵循学术伦理和道德规范。只有在此基础上,学术界才可能有同一性,才能在诚信基础上开展学术交流合作。任何有悖于诚信契约的行为,都是对学术界的背叛,是绝对不能被允许的。当然,任何承诺和契约都不应伤害人的"复多性",否则将会落入制作的陷阱,使行动丧失其内在的活力。

行动有一些共同特征。第一个特征是不确定性。行动可以有发起者或领导者,事先也可以有设计好的方案和计划,但他们都不能完全掌控行动的进程。行动的进程是由众多个体独立行为的总和决定的。例如,任何个人都无法掌控市场,在市场背后,好像有一只"看不见的手",这只手就是众多的独立个体行为的结果。在人类历史上,还有很多典型事例。例如,法国大革命提出的天赋人权、三权分立的思想十分恢宏,但实际过程却是异常艰苦和血腥,经历了拿破仑专制和其后近百年的战争,其政治体制才逐渐稳定下来。在我们国家的发展中,计划经济曾经是人们憧憬的美好理想,但得到的却是普遍贫困。人类行动的不确定性,对包括发起者和领导者在内的"复多性"人都是一个悲哀,人们期盼稳定、安全、幸福和安宁,而不确定性却使人茫然和恐惧。不确定性是人类行动的一个本质属性,只要人是自由和独立的,不确定性就会始终伴随左右。

人类行动另一个特征是不可逆性或无限延续性。行动有开端,却没有结尾。在一个众多个体参与的行动中,任何一项措施,都会引起不同的反应,也会涌现一些新的问题,从而自行引发一个与此相关的新的行动,这种连锁反应会持续不断进行下去,也许会逐步接近发起者的预期目标,也许会走向反面。例如,中小学生负担过重是教育的一个大问题。"双减行动"取缔了社会机构的学科类培训,减小了学生的压力,受到大多数家长的欢迎。但这也引发了一些新的问题,如教师陪伴时间加长、私人补习活动增加等,这些都需要后续的行动加以解决。另外,人类行动是匿名的,由于不确定性和无限延续性,发起者或领导者很可能看不到行动的最终效果,因而人很难在行动过程中扬名立万,其功过是非只能留由后人评说。

二、教育是一种人类行动

有了对人类根本性活动的了解,我们以此考虑教育问题。教育也是一种人类行动。在教育活动中,受教育的主体是一个个独特的、相互之间有着巨大差异的学生。但单靠学生自己是无法实现教育的,必须有其他人在场和参与,其中既包括家长、教师、学校管理者、工作单位的同事,以及社会上形形色色的各类人,还应包括图书资料和网络数据等,它们代表了那些不在场的过去和现在人的观点。在每一个学生的周围,都有一个由上述人群构成的"复多性"的人际关系网络,人的教育活动就是在这个业已存在的网络中进行的。

每一所学校都会根据各自的定位和教育理念,确定相应的招生策略和培养目标,学生和家长也会根据自己的意愿、资质和能力,选择不同的学校,因而教育的"复多性"网络是有着明确的目标和理念的。这个"复多性"网络构成了教育环境,身在其中的学生,可以被环境激励释放出巨大的学习动力和创造能力,也可能被环境压抑而迷失方向或不知所措。我们知道,即使成长经历相似,如生活在同一街区,并在同一所学校读书的学生,所感受的教育环境也可能是完全不同的,他们可以有不同的朋友,参加不同的社会活动,也可以选择不同的课程等。因为这个原因,人们并不能孤立地评价教育环境的优劣。一所学校教育的好坏优劣,只能根据学生的体验来评价,因为每个学生都可以选择教育环境中的自己喜欢的那部分。但总体看,一所好的学校,应当有更大比例的学生被激励而获得成功,较差的学校则相反。因而,学生应选择适合自己的学校,而学校也应选择适合自己教育理念的学生,两者之间的契合对学生教育和学校声誉都是至关重要的。

三、教育行动的非典型性

在通常情况下,人类行动都会有一个事物作为标志。政治行动的标志是国家的政治体制,而人类知识活动的标志是大学。在近一千年的历史中,大学一直保持着原有的名称和标识,但其内涵已经发生了根本性变化。早期的欧洲中世纪大学,源于学生和教师自发组织的行会,即所谓的"学生大学"和"教师大学",它们都是以传授知识为主要职能的。而今天的大学,已经成为内部结构异常复杂,承担了教学、科研和社会服务等多重职能的巨型组织。早期的大学仅仅是少数精英的"象牙塔",而今天的大学已经处于社会中心,成为推动国家经济社会发展的重要力量。

教育行动也有标志,那就是一个个独特的和有差异的学生。教育的效果彰显在个体的学生身上,这与人类知识活动的效果体现在大学身上是一样的。但大学是一个机构,尽管具有独立性,管理者也可以全权处理各项内部事务,但最终决定大学发展的是"复多性"的人,也就是包括了学校的教师、学生和管理者,以及政府、企业和社会公众在内的各种力量。而在教育行动中的个体学生是具有主观能动性的,可以独立做出自己的判断和决定,因而学生的意愿、品格和能力是教育的决定性因素,很大程度上决定了教育的成败。教育行动中的"复多性"人,只是提供教育的环境和条件。环境和条件当然会深刻影响个体学生教育的成效,但并不是决定性的,[①]这是教育与典型的人类行动不一样的地方。因而虽然可以把教育归为人类行动,但它并不是典型的。

尽管不是典型的人类行动,但教育仍具有人类行动的主要特征:不确定性、不可逆和无限延续性以及启新性。我们先考察不确定性。我们都知道,教育是一个"双向"的动态过程。在教学活动中,教师希望把一些知识传授给学生,但只有当学生有意愿和有能力接受这些知识时,教学过程才能实现。一位好的教师,不应当把学生当作一个被动接受知识的机器,而是要千方百计地调动学生的内在学习潜力。这并不是一件容易的事情,特别是要面对众多兴趣和秉性不同的学生的时候。与不确定性相关的是教育的匿名性。教育过程是多人参与的。在很多情况下,我们无法确定是"谁"或者"什么"在教育中发挥了关键作用,也许是一堂课,也许是教师或某人的几句话,启发了学生,影响了他们的一生。教师是一个默默奉献的职业,学生的成功会带来喜悦,但却不能作为教师自己的成就。不确定性是教育的一个本质特征,只要是教育活动,不确定性总是存在的。这常常会使教育者感到茫然,这也是为什么一些教师更倾心于学术研究,而不是教学的原因之一。人们可以通过明确教育理念、改革招生方式、给予教师更大的教学主导权等方式,调动教师的教学积极性。但任何一种方式都无法保证所有学生都成才,教育的不确定性是客观存在,我们能做的就是尽可能减少其影响。

我们再来考察教育的其他特征。人类行动的不可逆性、无限延续性和启新性是相互关联的,在此一并讨论。前面已经提到,教育是贯穿于从生到死整个生命的一个过程,因此,前期的教育都会对后续教育产生影响。人们常说,儿时的习惯会伴随一生。教育也是这样,从小养成好的学习习惯是非常重要的,因为习惯一旦形成就会留下永久的痕迹。为了应对中考和高考,应试教育给予学生的,常常是一些已经被裁减和固化了的知识和结论,并不关注学生在探究、独立思考、批判能力等方面培养和成长。在经过了12年小学和中学之后,应试观念已经深深印入学生的脑海之中,成为一种习惯和永久的印迹,这对后续大学教育是一个很大挑战。我们并不能推倒前期的教育而重新来过,站在一旁后悔、抱怨和相互指责也于事无补,人们应该做的是尽快地从过去解脱出来。这当然需要深刻地反思,但更需要宽恕与宽容。宽恕他人,同时也宽恕自己,承认和勇敢面对业已存在的现实,才能使人们重新凝聚起来,焕发出更强大的创造活力,用新的思

---

① 约翰·杜威.民主与教育[M].俞吾金,孔慧,译.上海:华东师范大学出版社,2019:51-58.

想开启新行动，真正激发出学生的内在学习动力。如果人们只是束缚在过去，而不是结束过去，错误的链条就会无休止地持续下去。

四、以制作代替行动的误区

行动的不确定性源于人的"复多性"。尽管它是人类行动的一个本质属性，但人们并不喜欢它，因为安稳和可预期的未来才会带来心理的安慰。摆脱不确定性的最简单办法是用制作代替行动，也就是从根本上消除人的"复多性"。制作的对象是物，并没有言说和行动能力，因而制作者可以对其进行任意的加工。以制作代替行动，意味着人要放弃自己的权利，像物体一样接受他人的统治。在社会动荡不安的时代，人们期望能够得到他人或机构的保护，以减轻对不确定性的恐惧和对生命安全的威胁，这可能就是历史上专制统治得以长期存在的原因之一。以制作代替行动，还意味着消除了人的独立性和差异性，使所有人都具有相同的思想，能够像军队那样服从统一的命令。这些做法虽然可以消除不确定性，但却有一个根本性弊端，也就是同时扼杀了社会创造活力的源泉。一旦失去人的"复多性"，社会或机构都会变得陈腐僵化，丧失进取精神。因而，摆脱不确定性的办法，不能在人类行动之外去寻找，只能存在于行动之中。

以制作代替行动，同样也常常发生在教育活动中。教育的对象是人，是一个个鲜活的生命体。以制作代替教育行动，意味着教育者可以按自己的意愿，把学生塑造成他们所希望的样子，就像是在生产线上加工零件，或组装机器那样。这听起来似乎匪夷所思，但在实际生活中却是经常发生的。父母希望孩子成才，除了督导完成学校作业，还把他们送进各种各样的培训班。我认识的一些家长，不问孩子的兴趣爱好和天赋能力，让孩子参加数学、外语、音乐、舞蹈等各类辅导课程，把本应快乐幸福的童年，变成了被迫和被动的奔波。家长的愿望是好的，希望孩子多才多艺，但一旦失去兴趣，再丰富多样的课外辅导，都是单调乏味的，成为成长的负担。前面提到的应试教育，也是以制作代替行动的典型例子。人的天赋有很多种，既有语言文字、数学逻辑，还有艺术的、运动的、人际交往的等。应试教育是以进入好的中学和大学为目标，不顾学生的个性、天赋和特长，都被一股脑地塞入了应试教育的生产线。以这种方式培养的人，只能是视野狭窄、急功近利、缺乏理想信念的人。在大学的发展历史上，也曾有按照工农业生产环节设置学校和专业的实用主义教育模式，同样也带有用制作代替行动的色彩。

在教育过程中，教育的主体是有着强烈的主动动机的学生，包括教师、家长在内的"复多性"人的网络,仅仅是教育的环境。这并非蓄意低估教师和家长的作用,而是因为在很多情况下,人们常常会强调家长、教师在传递知识上的重要性,忘记了学生是有着巨大潜力的鲜活的人。当人们用制作方式进行教育时,教育的主体发生了转换,教师成为制作者,学生成为制作者手中可以任意加工的物体,或接受知识的机器。在从幼儿到大学,家长和教师是监护人,对教育肩负着重大责任,但教师的作用只能在学生身上才能彰显出来,只有根据学生的具体情况因材施教,才能实现真正的教育。当学生在教育中的主体性受到侵害,而失去主动性和能动性时,教育的生命活力也就终结了。

五、教育行动的启新性

人类行动具有启新性。"复多性"人构成的网络是动态的和富有生命活力的,会不断萌发跳出传统的思维惯性和模式的新思想和新行动。这些新的思想和行动,使人们能够不断调整和修正前期行动的遗存,推动人类社会不断前进。在任何情况下,环境和制度的制约总是存在的,对基础教育而言,高考和大学录取方式是一个制约因素,这在短期内难以彻底改变。基础教育改革只能是约束条件下的改革,在此条件下,人们仍然可以在转变教育观念、改革教育,以及设法把学生的内在创造潜力释放出来等方面做很多事情。面对应试教育弊端,基础教育界的有识之士,已经开始采取新的教育改革行动。一些中学开始减少教师讲授时间,把教育的重心放在启发学生、调动学生内在潜力上。在山东的昌乐二中,我们看到了教育改革带来的巨大变化,感受到了学生的学习激情和教师的自豪感。从他们的经验看,一旦学生的学习主动性调动起来,高考成绩也是很令人满意的。

大学是学生正规教育的最后一站,是一个从"受控"教育到"自主"教育的转变过程。按理说,进入大学之后,学生不再有中学时的升学和考试压力,而且,大学的核心理念就是"解放"学生的心智,释放他们的内在潜力,因而学生本应在大学从容重塑自己的思维方式。但遗憾的是,很多大学仍然以学习成绩和GPA排名评价学生,而且,面对就业压力,一些学生一入学就开始准备研究生考试,大学因而成为另一个应试教育场所。在创建世界一流大学的计划中,教育改革是核心任务之一。很多学校都在推进通识教育,增加小班和讨论课,加强实践活动等。但教育改革是一件长期的事情,没有捷径,也不能有任何功利思想,只有一步一个脚印,才能真正见到成效。

教育中的另一种倾向是过度迷信计划和方案。教育需要有计划,但教育中的很多事情是不可计划的。当计划超出了应有的限度,就既会扼杀学生的主动性,把学习变得枯燥无味,也会把教学变成单调无味的日常工作,使教师失去教学的激情。对教育中不可计划之事的最好计划,是为教师和学生预留自由发挥和自我实现的空间,"解放"教师,也"解放"学生,把他们的内在潜力充分释放出来。过去一些年,北大设立了古生物、PPE、整合科学、古典语言学、外国历史与语言等数十个跨学科的本科教育项目,创意和思想来自教师,项目的主持人和执行人都是教师。因而在某种意义上讲,与其说是一些教育项目,毋宁说是师生共同探究和共同成长的旅程。教师精心设计每个环节,聘请最合适的学者担任主讲,并指导学生的实践和研究。学生主动参与教育的探索过程,也常常提出一些改进意见和建议。在项目的考察中,我为教师和学生们的创造激情所深深感染,这是师生共同创造的教育,可能也就是我们希望的一种大学教育。

教育行动的"复多性"人的网络,并不局限在校内,还包括政府、企业、社会组织和社会各阶层人士,因此,我们的教育应当打开边界,管理和发挥好"复多性"人网络的教育功能,为学生提供更好的教育和成长体验。在科学技术和知识经济高度发展的今天,大学已失去了对知识活动的垄断,企业成为技术创新主体,很多重大技术突破都是在企业实现的。而且,社会是一个大课堂,可以为学生提供在校园内无法得到的生活和价值体验。美国的辛辛那提大学从1905年开始与企业进行合作教育,即所谓的 COOP 教育模式。五年本科教育中,学生大约要用2/5 的时间在企业工作。重庆大学于 2013 年与辛辛那提大学合作,建立了中国首个 COOP 项目。在最近与学生的访谈中,可以感受到这些学生的确与众不同:思维条理清晰,充满自信,对自己有清醒的认知,对未来充满信心和憧憬。一些学生已为企业的技术和管理创新做出了贡献,还有一些已被当作企业的管理骨干。他们在企业中得到的不仅是专业技术和管理技能,而且是人的全面成长,通过生活和生产实践,他们对自己、对社会、对国家和对世界都有了更加深刻和切身的体会。在教育活动中,如何更好地发挥社会的教育功能,这将是未来教育的一个重要议题。20 世纪末建立的美国欧林工学院,[①]其建设的目的和理念是致力于改变美国工程教育,他们提出的在工程项目研究和实践中学习,对美国现行教育体制产生了很大的冲击和影响。

---

① 菲利普·阿特巴赫,莉斯·瑞丝伯格,贾米尔·萨尔米,等.从初创到一流:新兴研究型大学崛起之路[M].张梦琪,王琪,译.上海:上海交通大学出版社,2021:113-135.

教育是贯穿人们一生的活动。我们在此讨论的主要是从幼儿到大学阶段的教育,并没有涉及大学后终身教育问题。从教育的角度看,人生可以分为两个阶段。在大学毕业之前,属于"受控"教育阶段。幼儿在家长的监护下接受教育和认识世界。在学校,学生在教师的监护下接受教育。大学毕业之后,学生走上工作岗位,开始独立生活,这一时期的教育就变为"自主"的了,再也没有人督促和监护学习,但人们仍然会根据工作和生活的需要,主动学习各种知识和工作技能。在大学后阶段,教师和"复多性"人的网络是你周围所有的人。按照这样的教育定位,大学阶段的教育是异常重要的。一方面,它要完成从"受控"教育向"自主"教育的转型,另一方面也要完成人的转型,从"受控"的人向"自主"的人转变。因而,大学教育并非仅仅关乎知识,更重要的是让学生能够变得"自立"。最近,斯坦福大学在教育改革方案中,提出了"开环大学"的概念。学生毕业之后,可以根据各自的需要,重新回到大学再学习两年。我想,斯坦福大学"开环大学"的概念,就是基于将教育看作一生的人类活动。它们对教育的这种再认知,是很值得我们的大学和政府机构借鉴和参考的。

Uncertainty of Education

Lin Jianhua

(Center for Future Education and Management, Peking University, Beijing 100875)

Abstract: Education is a very important human activity, and, with the development of science and technology, economic globalization and knowledge-based economy, its importance will become increasingly prominent. In this paper, we put education in the category of human fundamental activities, with the basic nature and characteristics of human action, reveal the relationship between students as educatees and multiple people including teachers, thus establishing the dominant position of students in education. Our analysis also points out that uncertainty is the essential attribute of education, and any attempt to replace educational action with production will stifle the inherent potential of students, and this damage is irreversible, leaving a permanent imprint on students. The way to reduce the uncertainty of education can only exist in educational action, which depends on the enlightening and creative attributes of educational action.

Key words: education; attribute; multiple multiplicity; uncertain

一流学科建设

基于知识观对一流大学与一流学科建设的反思

荀　渊　曹荭蕾*

（华东师范大学 高等教育研究所,上海 200062）

摘　要： 作为以知识为对象的社会机构,大学自产生以来,就深受两种西方知识观传统的影响:一种是以希腊哲学为起点进而在基督教神学思想中占据主导的统一的、整体的知识观,另一种是源自亚里士多德哲学并自中世纪大学产生之初显现进而在现代大学得以日益强化的专门化、分殊化的知识观。现代大学在很大程度上是在知识专门化、分殊化这一路径上持续扩张其知识边界与知识活动。我们既要反思专门化、分殊化的知识观在塑造现代大学学科及其组织形态带来的诸多弊端,同时也要反思近 40 年来被现代大学特别是世界一流大学与一流学科建设奉为圭臬的新公共管理的理论与实践。

关键词： 知识观;一流大学;一流学科

　　作为以知识为对象的社会机构,大学自产生以来,就深受两种西方知识观传统的影响:一种是以希腊哲学为起点进而在基督教神学思想中占据主导的统一的、整体的知识观,另一种是源自亚里士多德哲学并自中世纪大学产生之初显现进而在现代大学得以日益强化的专门化、分殊化的知识观。尽管在基督教神学占据主导的中世纪,统一的、整体的知识观一直占据主导,但大学产生之初就形成了文法神医四个专门学院的基本格局,并自 17 世纪开始,伴随着自然科学的迅速发展,日益深化的社会分工使得大学知识专门化的路径逐渐占据主导,大学不仅成为各个学科知识领域的汇集之地,由此形成了与专门化知识相对应的组织形态如学科、学院、讲座和研究所等,而且大学往往追求在所有学科上汇聚最优秀的学者,进而追求在所有学科领域实现知识的创新并为社会提供思想、科学与

　　* 作者简介:荀渊(1974—　),华东师范大学高等教育研究所教授,博士生导师,研究方向为高等教育管理、教师教育研究;曹荭蕾(1996—　),华东师范大学高等教育研究所博士生,研究方向为高等教育原理、教师教育研究。

技术的支持。从两种知识观对大学的影响出发，分析当前的一流大学与学科建设，可能意味着要反思性地重新理解学科发展的专门化路径，在知识的整体观的路径上来探索学科建设的路径，理解学科作为一种与人类知识紧密相关的社会建构的内在价值与意义，进而基于中国知识变革路径构筑一个一流大学及其学科建设的理论框架与实践方案。

一、基于两种知识观对一流大学与学科建设的反思

曾任哈佛大学校长的 N.M.普西（N.M.Pusey）曾言："每一个较大规模的现代社会，无论它的政治、经济或宗教制度是什么类型的，都需要建立一个机构来传递深奥的知识，分析、批判现存的知识，并探索新的学问领域。换言之，凡是需要人们进行理智分析、鉴别、阐述或关注的地方，那里就会有大学。"[①]尽管这一观点来自对人类知识与文化变革等所做的回溯性分析，但无疑代表着对人类以知识为对象的社会机构之价值与意义的深刻理解。显然，从古希腊的哲学学校到基督教世界的高级教义学校，人类的学者汇聚之地往往便是知识汇集之地，致力于探究人与自然、人与社会乃至人与上帝的关系，以及主观、客观世界的本质、本源及其运行的基本原理。不过，作为现代大学源头的中世纪大学，虽然延续了以知识为对象的古典传统，但其产生之初却也以文、法、神、医等学科为现代大学知识专门化特征提供了雏形。即便在中世纪相当长一段时期内，由宗教神学统领的大学及其知识领域，为确认上帝所创造的世界的一致性而维护知识的整体性、统一性，但在亚里士多德思想占据知识领域的主导地位后，在自然哲学的路径上呈现出的知识客观化进程，使得大学知识的专门化、分殊化成为现代大学以学科为载体建构起知识组织的关键路径。

（一）整体的知识观与大学的古典传统及其现代趋势

正如前文所述，基于希腊哲学与基督教神学对普遍的、整体的知识的追求，大学最初被塑造成普遍知识学习与传承的场所。在相当长一段时期内，由于人类创造并运用知识去认识人类身处的世界及其精神世界之类的观点占据着主导，在人与知识之间的关系处理上，一直采取的知识不能脱离人的存在而存在的

---

① 约翰·S.布鲁贝克.高等教育哲学［M］.2 版.王承绪,郑继伟,张维平,等译.杭州:浙江教育出版社,1998:13.

态度。在奥古斯丁和阿奎那的神学思想体系中,上帝是一切知识终极的唯一的依据,人类的知识不仅为解释、理解上帝所创造的客观世界、人类自身及其社会提供路径,而且其最终的目的仍然是为上帝存在的合法性与合理性提供统一的、一致的知识基础。文艺复兴之后,随着人文主义的兴起,以及数学、物理学等自然科学的快速发展,开始强调人类知识对于人类自身的价值。在笛卡儿看来,人类的知识是一个不可分割的整体。"作为一个整体的科学,除了人类的智慧之外别无他意,而且永远是唯一的和同一的。至于在不同学科领域的应用所发生的改变,也只不过类似于太阳光照射到各种物体上的反射而已。"①在将数学视为知识的理想从而寻求建立具有确实性的统一的知识过程中,笛卡儿构建一个"知识之树":形而上学是根,物理学是干,包括医学、力学和道德学三个主要学科在内的其他科学则是枝条。当然,作为一种妥协,笛卡儿在确认人的主体性与理性是确定性知识根源的同时,将神的存在以及对神的存在的确认视为一切确定性知识的决定因素。② 康德(Immanuel Kant)在《纯粹理性批判》开篇即强调,人类的一切知识都源于经验,经验是人类的知性对感觉原材料进行加工时产生的第一道产品;从时间上看,在经验之先没有任何知识。而我们的知识则来自意识的两个基本源泉:一是接受表象,二是利用这些表象认识一个对象的能力。因此,直观和概念构成我们一切知识的要素,只有二者兼具才能产生出知识。③ 正是这种整体的知识观的延续,使得在古典大学时期,对"知识的整全"与"人类学问的总体"④成为大学的内在追求,大学及其学者努力在几乎所有学问上都能够为人类提供思想、理论与行动的指引。1828 年,当科学主义渐占上风时,由杰里迈亚·戴(Jeremiah Day)校长亲自主持撰写的《耶鲁报告》,不仅为古典课程进行辩护,强调统一的人文课程对发展每个学生的全部心智的重要性,而且尝试通过降低涵盖各个知识分支的普遍课程的价值,坚持所有专门的或职业的训练都应在本科学院之外实施,以保证学院教育中人文课程作为整体的核心地位。⑤ 1852 年,英国纽曼在其名著《大学的理想》一书中,重申了大学是"探索普遍学问的场所"

---

① DESCARTES R, COTTINGHAM J, STOOTHOFF R, et al. The philosophical writings of descartes[M].Cambridge: Cambridge University Press.1985:9.

② 吴奇.知识观的演变[D].中国社会科学院研究生院,2003:23-24,30.

③ 齐良骥.康德的知识学[M].北京:商务印书馆.2000:18.

④ 爱弥尔·涂尔干.教育思想的演进[M].李康,译.上海:上海人民出版社,2003:126.

⑤ 约翰·S.布鲁贝克.高等教育哲学[M].2 版.王承绪,郑继伟,张维平,等译.杭州:浙江教育出版社,1998:5.

的原则,①并且强调大学"应吸纳人类所有艺术、科学、历史和哲学方面的知识,并使其适得其所"②。在此基础上,他批评了科学时代大学教育诸多弊端和知识专门化造成的知识的割裂,认为大学的目标就是培养学生的理性美德,使学生成为具有高尚德行和理性的"绅士"。③

二战后,与更为深入的知识分化相伴随的是知识的交叉与融合,作为一种对知识的整体性、一致性和综合性这一传统知识观的坚守与回溯,跨学科、多学科研究逐渐成为一种趋势。④ 为此,欧美主要发达国家的研究性大学纷纷对其大学结构进行了调整和补充,建立了大量跨学科研究的研究所、研究中心、实验室和研究团队,甚至在一些大学中形成了一个比较系统化的跨学科研究组织体系,被称为"组织化的研究部门"(Organized Research Unit,ORUs)。2004 年,美国国家科学院发表《促进跨学科研究》报告,将跨学科视为人类进行的最具成效、最鼓舞人心的一种探索活动,它能提供一种产生新知识的对话和联系形式。作为发现和教育的一种模式,它对可持续的环境、更健康富裕的生活、激发年轻人产生灵感的新发现和技术以及更深刻理解我们所处的时空做出了贡献,而且有望做出更多的贡献。⑤

(二)知识的专门化路径及其对现代大学的塑造

中世纪大学最初就是通过确立与某种高尚职业相关的知识领域而形成的教师法团。在最初的四大学院中,以人文七艺为核心的艺学是大学知识与学习活动的首要阶梯,法律、医学、神学为律师、医生、神父等高尚职业提供教育。进入近代以来,当科学作为一种逐渐获得独立地位的知识系统进入大学之后,知识分化或分类的特征被持续地加强,由萨莱诺、博洛尼亚大学肇始的专业主义传统,逐渐成为塑造 19 世纪以来的现代大学的重要力量。进入工业社会以来,为伴随

---

① NEWMAN J H.The idea of a university:defined and illustrated[M].Chicago:Loyola University Press,1987:464.

② NEWMAN J H.The idea of a university:defined and illustrated[M].Chicago:Loyola University Press,1987:437.

③ 约翰·亨利·纽曼.大学的理想[M].徐辉,顾建新,何曙荣,译.杭州:浙江教育出版社,2001:4.

④ KLEIN J T.Interdisciplinarity:history,theory and practice[M].Detroit:Wayne State University Press,1990:22-23.

⑤ Committee on Facilitating Interdisciplinary Research of National Academies.Facilitating interdisciplinary research[M].Washington D.C.:The National Academy Press,2005:1.

着社会分工的日益细化,大学的知识分殊化路径得到了进一步的强化。其中,作为大学知识分殊化主要载体的诸多学科的形成与发展,就是知识专门化路径的结果与表征。由于现实总是被划分成一些不同的职业与知识群体,系统化的研究要求研究者必须掌握专门的知识与技能,并运用这些知识与技能去应对各项独立的社会生活领域中出现的问题。① 由此,在大学及其科学研究机构中不断被发展的知识,按照研究对象的区别将知识划分为不同的部类,并由此纷纷建立了独立的学科,每一个学科则都努力界定着各自的知识边界,形成统一的学术规范、话语体系,并在此基础上形成了大致相似或各不相同的学科制度。②

当然,现代大学之所以呈现出一种不同学科及其相应组织与制度构成的知识共同体,很大程度上是在教育和学术研究上对社会分工、知识专门化的一种反映。人类知识的专门化,就其本质而言,是对人类社会进化进程中从技艺专门化逐步过渡到知识专门化一种历史性的结果。最初对大学的称谓,即拉丁文的universitas 一词,其原意即指由一些有知识和技艺的人组成的传授知识技艺的联合体。显然,正是社会分工与人类知识累积到一定程度,才出现了专门从事知识研究与教学的教师,大学也才得以在中世纪以教师讲学为起点,以教师法团的组织形式出现在人类文明的历史进程中。在一定程度上,甚至可以说从其诞生一直发展到现在,大学一直在或主动或被动地适应社会分工进程过程中,不断寻求确立其知识权威的地位,不仅为社会提供独特而不可替代的知识服务,也借此确立了对知识的教学与研究的垄断。就此而言,也就不难理解为何洪堡将大学的使命确立为"总是把科学当作一个没有完全解决的难题来看待,它因此也总是处于研究探索之中"③。弗莱克斯纳更是强调:"大学是学问的中心,致力于保存知识,增进系统的知识,并在中学之上培养人才",进而认为真正的大学吸引着最有能力的学者和科学家以及最真诚的学生来研究和探讨学问。④ 由此可见,现代大学的传统,在一定程度上就是柏林大学传统的延续,逐渐形成了如伯顿·克拉克对大学图景的描述,大学主要是"按学科和院校组成的两个基本的纵横交叉的模

---

① 华勒斯坦,等.开放社会科学:重建社会科学报告书[M].刘锋,译.北京:生活·读书·新知三联书店,1997:9.

② 陈洪澜.知识分类与知识资源认识论[M].北京:人民出版社,2008:139.

③ 威廉·冯·洪堡.论柏林高等学术机构的内部和外部组织[J].陈洪捷,译.高等教育论坛,1987(1):93-95.

④ FLEXNER A.Universities:American,English,German[M].New York:Oxford University Press,1930:230.

式呈现出来的:各学科跨越院校之间的界限,各院校则将各学科从事教学科研的亚群体集合起来",学科及相应的专业研究领域以及由此形成院校机构成为"高等教育系统特性的一个显著的和有特色的部分"。①

由此,不得不说,恰恰是以知识专门化为路径,进而更多地从大学及其学科的一种以资源配置路径来组建组织与建立形成制度,确立了我们在对世界一流大学与一流学科建设的理解与分析。时至今日,我们看到的现代大学早已呈现出克拉克·科尔所描述的多元巨型大学的特征,即一个由各种各样学术背景和文化背景的人员组成的庞大的社会组织,既致力于支持、改革社会,也有能力塑造未来的社会,甚至可以为未来个体和整个社会的发展提供动力。② 现代大学日益被视为"一个联盟系统,因为以学科为中心的半自主的各系,追求与整个大学的利益不同的利益,拥有与整个大学的权威不同的权威"。"不管系的自主权的精确范围是什么,这种自主权的存在使每个大学成为一个'联邦制式的结构而不是一个高度集权的系统'。"③

显然,即便坚持古典大学自由教育传统的学者一再试图重申统一的、整体的知识观对大学中的重要意义,进而回到作为主体的人的路径上来,从人的认识(认识论意义上的经验与理性)角度来重建主观、客观世界的一致性,从而使大学这一以知识为对象的社会机构,能够在促进作为主体的人在道德完善、理性精神与对人类共同责任与价值的追求中发挥其应有的作用,但是,毫无疑问,随着知识论与知识社会学的兴起带来的知识本身的客观化取向占据主导,专门化、分殊化的知识观不仅为最初的中世纪大学的产生提供了条件,也被充斥着各个分支学科及其相应组织形态的现代大学奉为圭臬。在一定程度上,这不仅是对人类社会进化过程中分工与合作这一进化机制的回应,而且也是一种"自然选择"的历史进程,即知识的专门化、分殊化不仅是对现代社会分工的一种恰当的回应,有利于大学扩张其知识的边界,而且恰恰是在这种回应中,大学凭借其对知识领域的持续的垄断,不断塑造着人类知识的基本形态,当然也塑造着大学自身的基本形态,并不断被赋予符合主流社会观念的价值与责任。

---

① 伯顿·克拉克.高等教育系统:学术组织的跨国研究[M].王承绪,徐辉,殷企平,等译.杭州:杭州大学出版社,1994:6.

② 科尔.大学的功用[M].陈学飞,陈恢钦,周京,等译.南昌:江西教育出版社,1993:96.

③ 迈克尔·夏托克.高等教育的结构和管理[M].王义端,译.上海:华东师范大学出版社,1987:37.

二、对当前一流大学与一流学科建设的反思

近代以来,中国大学以及高等教育体系的建立,经历了清末民初学习德国、日本到国民政府时期学习美国再到中华人民共和国建立初期学习苏联的历程。改革开放以来,则是在苏联经验确立的部门化、分科化大学的基础上,学习借鉴以欧美发达国家为主的现代大学及其高等教育体系,逐步形成了综合化与分科化并存的大学与高等教育体系。在可以称为多元巨型大学的综合性大学之中,同样与西方大学一样,呈现出显著的分科化、分殊化的特征,各个学科分门别类地被安排在与之相应的学部、学院、研究院或研究中心等组织形态之中。20世纪末,伴随着经济现代化进程的加快,中国相继实施了建设世界一流学科进而是世界一流大学的计划,逐步缩小了与主要发达国家之间在高等教育发展特别是科学研究水平上的差距。不过,由于在世界一流学科与一流大学建设过程,主要以欧美主要发达国家一流大学为参照,因此,我国世界一流大学与一流学科的建设,依然在总体上体现着深深嵌入现代大学之中的专门化、分殊化的知识观路径。

(一)对当前我国世界一流大学与学科建设路径的反思

首先,当前我国世界一流大学与学科的建设,往往追求一种形式意义上的对大学这一社会机构的理解,如追求学科齐全、学科领域增长迅速以及由此形成的院系结构的扩张,支持重点学科、传统优势学科与新兴学科、边缘学科建设,重视应用性学科建设、应用研究、应用型专业人才培养,而相应忽视基础学科建设、基础研究与基础性专业人才培养等,使得大学内部都或多或少存在多点同步、零和竞争的问题,各大学之间也往往是在国家重点学科、重点研究基地、重点支持的研究领域和师资聘任等方面形成了竞争局面。也是在这一过程中,大学过多关注于内外部的体制性改革,而相对忽视内部的集体认同和学术责任的建构。体现尤为明显的是,为了提升教师教学与科研水平,大学普遍建立了以教师个人教学科研评价为主的考核、晋升体系。其结果是教学科研沦为一种个人事务,教师个体对院系、学科和大学整体发展缺乏足够的认同,甚至于为完成规定的量化学术指标,不惜放弃大学学者应该坚守的学术标准与社会责任。

其次,目前我国世界一流大学及其学科建设,较多还是从政府或者大学管理层面来思考世界一流大学的学科建设路径,固然具有普遍的借鉴意义,使政府、大学在确定学科优先发展领域时能够充分地将之置于一个政府、市场、大学的需

求与反馈的体系之中，但是由于还缺乏将上述因素整合在一起对世界一流学科生成过程、机制的系统研究，尤其缺乏微观层面的案例研究，大多数世界一流学科的研究文献并不具有直接的借鉴价值。与之不同的是，作为一个历史进程的世界一流大学及其学科的建设，不仅涉及宏观层面的路径选择的问题，同时也涉及学科内部资源配置、科研主导方向、奖励与激励机制、学术成果的同行认可机制、学术传统传承与团队构建等极为复杂的因素及其相互作用的机制。

最后，不得不说，当前中国高校"双一流"建设主要在两个方向上来理解世界一流：一是从世界学科研究的前沿的角度去判断世界一流学科的研究的关键问题、核心问题；二是研究范式的改变，主要是想借鉴西方的研究范式来尝试在研究发现与结果上与世界对接。总体而言，我们采取的是一种融入的策略，其结果必然是西方的学术话语体系主导着研究主题与范式。这就导致指标意义上的世界一流大学，在科研层面摆脱不了由欧美主要国家所掌控的学术话语权，在世界级的获奖、教学与科研声誉、博士学位授予数量等方面，也更多地体现着欧美国家的评价系统。

(二)对中国特色学科建设路径的反思

不管是涉及国家的教育发展重大战略，还是一些涉及教育具体的和均衡发展公平等，关键是怎么理解在解决这些问题的中国政策选择以及学术研究支撑上的差异。只有做到这一点，才能在世界的学术领域中占一席之地。显然，要解决中国问题，必须回到中国的特定场景当中。对于已经习惯按照西方教育话语体系来理解教育问题的学者们而言，从康德到赫尔巴特再到杜威，其实也都是在道德哲学与实践哲学以及认知论、知识论路径上构建出来的理解教育这一人的实践活动或社会现象的路径。关注中国教育这一中国人的实践活动或社会现象，显然应该回到中国的道德哲学与实践哲学传统上，至少回到从先秦儒学到两汉经学再到宋明理学、心学这一占据主导的思想脉络上，在实现其现代性转换的前提下，将中国人自己的道德哲学和实践哲学贯穿于现代中国教育的时间之中，特别是贯穿于对中国教育的现代问题的解决路径上来。

当然，要体现中国特色，应该重点关注如何结合当前和今后一段时期内国家提出的若干重大战略、经济社会的重要需要与知识、科技创新的重大问题，分析国际、国内相关学科领域知识创新、技术革新的前沿进展，以及自身优势、特色学科的发展前景，实施有效的学科调整，从而进一步优化学科结构，实现经费、人员、科研平台等学科资源的优化配置，使确定的优先发展的学科领域逐步生长为世界一流学科,拥有若干世界一流学科的大学成长为世界一流大学。在此基础上,需要重点关注如何将国家重大战略、经济社会发展重大需要对大学科研创新、人才培养的要求,转化为与之相适应的学科与科研创新的组织体系和与之匹配的学术制度系统,乃至建立全新的学术组织与制度体系,整体性地推进学科建设,使世界一流大学与一流学科的生长过程扎根于大学自身确立的使命、理想与行动之中,成为学术声誉意义上而不仅仅是大学排名指标意义上的世界一流大学与一流学科。

(三)一流学科之间的建设路径与困境

从世界一流大学学科生成的历史进程看,大学各学科内部和各学科之间的相互支撑,是建设一个一流学科和一流大学必不可少的关键环节。新一轮的"双一流"重点关注的,就是通过确定研究方向和领域,来尝试建立学科内部和学科间的相互支撑,特别是在一些重大问题的跨学科研究上实现突破。这显然是在学科建设思路上的一个重要突破。不过,由于历史的原因,当前我国学科的概念其实就是学部、学院或者是学系,即主要是在一个整体的行政组织单位的框架下来组织学科建设,具体到学科内部又变成了若干个系所和个体,因而也看不到一个整体上的学科间和学科内部间相互支撑的局面。至于说学科间的这种相互支撑,更是由于学科部门化导致的单位人属性的根深蒂固,使得学科内部、学科之间的合作研究往往停留在形式上,更无法建立一种有效的学科内、跨学科合作研究的机制。这在一定程度上与行政管理和教师评价的体制相关,前者更为关注在学部、学院和学系、研究所层面的整体绩效的考核,这固然延续了传统的学院办大学的格局,但实际上资源配置的主要权力都集中在大学行政管理层面;而后者更是由于在专业技术职务晋升、科研评价等方面主要以对个人的教学科研成果的认定为主,无法为跨学科、学科内的合作研究提供必要的制度支持。显然,这都不利于学科间、学科内的合作研究的开展,也在一定程度上难以保证新一轮"双一流"在跨学科这一整体的知识观路径上取得切实的成效。

与此同时,就高校学科调整与建设的整体而言,不应该仅仅停留在某一个或几个高校层面如何确定资源配置、如何引进高水平师资与组建高水平团队以及如何确定优先发展的学科领域,也不应该停留在某一个或某几个一级学科如何通过制度创新更有效率地产出高水平的科研成果,而是真正基于国家、社会、企业在理论与实践创新、科学难题与核心技术层面的重大需求,逐步打破校际、学科间的藩篱与壁垒,系统地思考与组织跨校、跨学科的研究。显然,目前的研究也更多地关注现代大学特别是世界一流大学旨在解决重大社会、科学问题而主动开展的跨学科研究，以及由此构建起来的跨学科研究组织与制度，还没有将之视为一种建制性的变革来开展系统的研究与分析，尤其是缺乏对跨学科组织、制度在世界一流大学内部的生成、运作机制的研究。

三、结语：一流大学与一流学科建设需要理论思考

如果将世界一流大学、一流学科建设不仅仅视为一个由传播媒体通过排行之类的商业行为构筑的一个影响受众群体选择意向的图景，而是视为一个大学及其学科在知识领域累积性地形成的卓越地位，这种地位主要是其对人类知识传播与创新做出了不可替代的贡献，或者在推进人类文明进步、文化革新、塑造人类共同愿景等方面发挥了不可替代的作用，那么世界一流大学与一流学科建设，就不仅仅是技术或技艺层面的问题，而是涉及大学及其学科对人类的价值与意义的探究，涉及人类这一特殊的智慧生物在创造知识、传播知识并应用知识改造生存生活环境等方面的理论探索与行为实践。与此同时，被称为世界一流大学的欧美国家研究型大学，往往都是在漫长的发展历史进程中，通过主动或被动地适应所在国家经济社会发展战略，通过内部治理结构变革、制度创新与学科结构、学术组织调整来实现其战略目标与使命的，从而逐步被认可为世界一流大学的。

不过，一旦当一流大学、一流学科等概念出现于商业性的大学排名之中，进而被运用于大学的改革与发展进程乃至于学术研究的视野之中时，就已经实实在在地标识了某种基于结果评价的等级格局的存在，甚至新自由主义浪潮以来无处不在的商业性、绩效测评等元素，逐渐渗透在以知识为教学与研究对象的大学乃至高等教育体系之中。这可能与现代大学与高等教育体系发展过程中知识专门化的历史进程紧密相关，当然也是 1980 年代以来主导世界经济、贸易、文化与教育全球化进程的新自由主义思潮，着力推进的知识社会化进程的一个重要结果和表征。

由此，我们既要反思专门化、分殊化的知识观在塑造现代大学学科及其组织形态带来的诸多弊端，进而考虑如何将统一的、整体的知识观逐步贯穿于大学的学术体系之中，实现学科之间的知识支撑从而整全地理解我们所处的自然世界、人类自身以及社会，同时也要反思近 40 年来被现代大学特别是世界一流大学与一流学科建设奉为圭臬的新公共管理的理论与实践，是否已经到了被修正乃至被摒弃的时刻。自由与寂寞的学术生活样态固然已经成为尘封的历史不可重

现，但从人与人类出发来重新界定知识对于人而不是知识本身或者脱离于人的客观化的社会价值，从而建构一个以人的道德与实践活动为哲学基础的世界一流大学与一流学科建设的理论思考与分析框架，可能正当其时。

当然，回到知识观的两个路径看，即便转化、分殊化的路径占据主导，但至为关键的是，世界一流大学的发展或者说研究型大学的成长历程，始终伴随着促进人类智慧、推进文明发展、探索自然与社会奥秘等实践与行动，也始终伴随着对社会知识的需求的回应，坚守着作为人类知识殿堂被赋予的责任、理想与精神。作为一种组织并呈现出一种以知识分类为基础的组织与制度结构的学科，显然也已经逐渐从相对固化的模式走向开放的体系，以学科对应院系、研究所等机构及其所规范的知识、学术评价、学术制度等为主的传统模式固然仍旧主导着现代大学的知识生产与促进活动，但跨学科及其相应的组织、制度建设，正在逐渐消弭学科所确定的知识边界，也在打破学科内部专注于在某一知识领域掘进的窠臼。

Reflections on the Construction of First-class Universities and First-class Disciplines Based on Knowledge Theory

Xun Yuan，Cao Honglei

(Institute of Higher Education, East China Normal University, Shanghai, 200062)

Abstract：As a social institution with knowledge as its object, university has been deeply influenced by two traditions of Western knowledge theories since it came into being: One is the unified and holistic view of knowledge starting from Greek philosophy and dominating in Christian theological thought; the other is the specialized and differentiated view of knowledge originating from Aristotelian philosophy and appearing at the beginning of medieval universities, which has been increasingly strengthened in modern universities. To a large extent, modern universities continue to expand their knowledge boundaries and activities along the path of knowledge specialization and differentiation. We should not only reflect on the disadvantages brought by the knowledge view of specialization and differentiation in shaping the disciplines and organizational forms of modern universities, but also reflect on the theory and practice of new public management that has been regarded as the guiding principle of modern universities, especially the construction of world-class universities and first-class disciplines in the past 40 years.

Key Words：knowledge theory; first-class university; first-class discipline

新文科建设与新技术融合发展若干问题的思考

王保华*

（中国传媒大学，北京 100024）

摘 要： 在构建高质量高等教育体系的过程中，新文科建设具有重要价值。当前，我国新文科建设呈现出政策持续发力、相关研究快速发展、实践中投入与观望并存的状态。概念不清、传统文化融合困难、学科认同危机、变革缺乏系统性等问题制约着新文科建设的持续深入。为此，应当在新文科建设中融通中华优秀传统文化，强调科学思维方式的培养，加强法治保障，推动数据与人文相结合，实现多重融合。

关键词： 新文科；传统文化；大数据

高等教育是高层次人才培养的主力军，在增进民生福祉、促进经济社会发展转型和实现国家富强民族复兴伟业中发挥着重要作用，[①]它也成为衡量国家综合实力和文明程度的重要指标之一，与国家发展的关系越发紧密。[②]当前，无论国内还是国外，对高等教育建设均采取高度重视的态度。从国内来看，习近平总书记对高等教育发展发表过许多论述，他在北京大学考察时强调，"党和国家事业发展对高等教育的需要，对科学知识和优秀人才的需要，比以往任何时候都更为迫切"。[③]在考察清华大学之际，他提出要坚持中国特色世界一流大学建设目标方向，为服务国家、富强民族、复兴人民幸福贡献力量。在谈到高等教育时，他认

---

* 作者简介：王保华（1963— ），中国传媒大学高教传播与舆情监测研究中心主任，教授，博士生导师，研究方向为高等教育、舆情治理、大数据应用。

① 罗建平，桂庆平.扎根中国大地 加快建设中国特色社会主义大学：习近平总书记关于教育的重要论述学习研究之六[J].教育研究，2022(6)：4-18.

② 钱民辉，罗洪.教育与国家发展[J].北京大学学报（哲学社会科学版），2021(1)：147-157.

③ 赵婀娜.北京大学加快中国特色世界一流大学建设步伐：扎根中国大地 坚持立德树人[N].人民日报，2022-08-06(01).

为"高等教育体系是一个有机整体,其内部各部分具有内在的相互依存关系。要用好学科交叉融合的'催化剂',加强基础学科培养能力,打破学科专业壁垒,对现有学科专业体系进行调整升级,瞄准科技前沿和关键领域,推进新工科、新医科、新农科、新文科建设,加快培养紧缺人才。要提升原始创新能力"①。这些论述显示出,我国对于高等教育事业的建设和发展具有较高的重视程度。

从国际上看,联合国教科文组织在 2015 年 11 月发布《教育 2030 行动框架》,该框架描绘了全球高等教育的未来图景,它特别提出,"到 2030 年,确保所有女人和男人平等获得且负担得起优质的技术、职业和不同形式的高等教育","制定促进高等教育研究发展的政策,鼓励学生尽早接触科学、技术、工程和数学领域",也即通常意义上的 STEM 领域。与此同时,在 2021 年 11 月 10 日,联合国教科文组织发布了《共同重新构想我们的未来》报告,针对 2050 年以后的教育提出了一种新的教育社会契约。该报告明确提出,世界正处于一个新的转折点,教育事业的发展至关重要,它需要回应关于重新构想"为什么学、怎样学、学什么、哪里学和何时学"的迫切需求,同时也要致力于塑造真正和平、公正和可持续的未来。为此,高等教育的发展亟待转型。

当前,中国的高等教育处于普及化阶段,高等教育发展的主题是高质量发展。在构建高质量高等教育体系的过程中,新文科建设应当是改革的重要组成部分。关于新文科建设,现有的思考与研究是否已经到位? 四新学科(新文科、新工科、新医科、新农科)建设被提出后,相关行动是否落实到了教学改革、人才培养等微观领域上? 这些是我们探讨新文科建设必须加以考虑的问题。

一、新文科建设的现状

新文科建设的现状可以从以下三个维度来加以阐述:第一是政策的引导,第二是学术研究的现状,第三是具体实践。

首先,在政策引导上,我国具有集中力量办大事的制度优越性,在新文科建设方面,国家政策表现出持续发力的特征。2018 年,中共中央要求高等教育努力发展新文科、新工科、新医科和新农科,正式提出四新学科建设。2019 年,教育部

---

① 习近平在清华大学考察时强调 坚持中国特色世界一流大学建设目标方向 为服务国家富强民族复兴人民幸福贡献力量[EB/OL].(2021-04-19)[2022-05-01].http://politics.people.cn/BIG5/n1/2021/0419/c1024-32082038.html.

启动"六卓越一拔尖计划"。2020年11月3日,新文科建设大会召开,会议发布了新文科建设的宣言。2021年7月,首批新文科研究与改革实践项目得到正式公示,项目数量达到了1012项,目前基本都付诸实施。这些项目的涉及面极为广泛,包括发展理念研究、改革与发展研究、政策与支撑体系研究、专业结构优化研究与实践等,同时关注了宏观层面和微观层面,还涵盖了不同学科领域。数据分析显示,在高校获批项目数量上,山东大学、中国人民大学、北京大学、天津大学、东南大学、西安交通大学等高校排名靠前。这当中既有老牌文科院校,同时也有典型的工科院校,体现出明显的学科交叉优势。

其次,从研究现状上看,截止到2022年4月13日,知网中关于新文科建设的中文研究总共有749篇,其中只有7篇是从学科教育教学角度展开的探讨,涉及科学技术方面。而剩余的742篇几乎全部是来自文科的研究,这些研究也基本得到了国家基金或者省部级基金的支持。其中受国家社会科学基金和教育部人文社会科学基金支持的文章数量最多,分别为32篇和22篇。从研究机构上看,各类型各层次高校都积极投身于新文科建设的相关研究,影响较大的是北京师范大学、中国传媒大学、中国人民大学、南京大学、北京大学、山东大学等高校,发表篇数均超过10篇,其中北京师范大学发表的文章数量最多,达到31篇。从作者来源上看,发文较多的是北京师范大学的周星教授、华东交通大学唐衍军教授、教育部高等教育司吴岩司长以及清华大学李锋亮副教授。从学科上看,现有研究主要是从高等教育领域以及分支学科领域来进行探讨,包括中国语言文学、外国语言文学、新闻与传媒、计算机软件等。从研究文献来源上看,现有研究发表的期刊主要包括《艺术教育》《中国高等教育》《中国大学教学》等。从时间的分布上看,1995年至2018年,相关议题的发文量始终保持每年1～2篇,而影响较大的研究则始于2019年,该年份发文量上升至49篇,2021年则达到了438篇。从主题上看,新文科建设的研究主题分布极为广泛,涵盖了学科建设、人才培养、思政育人等诸多方面。总体而言,关于新文科建设的研究在快速发展的同时也呈现出多样化的趋势。

最后,从具体实践上看,前文所述的1012个获批项目应该是一种积极的探索,它们也获得了来自各方的大力支持。然而,其他大部分机构还处于惯性的运行状态,保持观望的态度,这也构成了当前我国新文科建设的基本现状。

二、新文科建设的问题

2021 年 5 月 31 日，习近平在主持中央政治局第三十次集体学习时强调，要加强我国国际传播能力建设。他指出："要深刻认识新形势下加强和改进国际传播工作的重要性和必要性，下大气力加强国际传播能力建设，形成同我国综合国力和国际地位相匹配的国际话语权。"①为此，要营造有利于外部舆论的环境，要讲好中国故事，传播好中国的声音，这对于科研工作者而言更是责无旁贷。新文科建设需要构建人文社会科学研究的中国话语，研究者要能够站稳中国立场，产出有学术声誉和影响力的成果，并积极参与国际学术对话。②

针对自然科学研究，饶毅曾撰文表示，我国未来面临的最大挑战是对待真理和自然的态度，如果我们的科研产出不能超过西方，难以想象我们能够单纯通过商业模式的变更或分配方式的技巧走在世界的前列。而在产出方面，他提到，产出的领先需要科学和技术支撑的原创性成果。引申到人文社会科学研究，新文科建设实际上涉及两个根本性问题：一是如何评价人文社会科学，二是如何建设人文社会科学。

杰罗姆·凯根在《三种文化：21 世纪的自然科学、社会科学和人文学科》中提出了三种文化，他认为 21 世纪的自然科学、社会科学和人文学科，其不同体现在9 个方面，包括研究的兴趣、主要证据的来源、主要的词汇、历史条件的影响、对伦理的影响、对外部支持的依赖、工作的条件、对国民经济的影响以及完美的标准等。他所提出的关于自然科学和人文社会科学的不同点极具启发意义：第一，它们的研究兴趣不同；第二，它们的研究方法存在差异；第三，它们对国民经济的影响力具有程度上的区分，自然科学是最重要的，社会科学是中等的，人文学科则是最小的。而这些论断对于我们思考新文科建设也有所助益。

新文科建设的问题可以从三个方面进行概括：第一，新文科的概念；第二，新文科建设的困境；第三，新文科建设的难点。

首先是概念。新文科这一概念最早由美国的希拉姆学院（Hiram College）提

---

① 努力推动新形势下的国际传播能力建设［EB/OL］.（2021-08-03）［2022-05-01］.https://world.gmw.cn/2021-08/03/content_35050720.htm.

② 操太圣.知识、生活与教育的辩证：关于新文科建设之内在逻辑的思考［J］.南京社会科学，2020（2）：130-136.

出，它是一个以本科教育为主的私立文理学院。在 2017 年 10 月，该校对 29 个专业进行重组，把新技术融入哲学、文学、语言等课程中，为学生提供综合性的跨学科学习，这也就形成了"数字人文"。因此，在西方，新文科建设主要对应数字人文这一概念。而我国的新文科建设主要体现在科学的融合和复合上。所谓科学，一方面是指计算的思维，另一方面则是数字化、人工智能的方法。融合所针对的是途径，包括学科的融合和专业的融合，其建设的重点和目标在于复合型人才培养。

其次是困境。第一，我国文化传统历来讲究修身、齐家、治国、平天下，强调个人身心的平衡，这实际上和当前新文科建设强调的科学思维存在一定差异。第二，融合过程难以实现，交叉学科发展面临广泛的认同危机，而学科的内卷化则进一步加剧了其负面效应。以笔者的研究领域为例，如果将高等教育舆情监测的相关研究投稿到新闻学科的刊物，相关人员会把其归类于教育问题，认为应当投稿到教育学科刊物。这一问题显示出，学科的交叉融合始终存在认同困境，科学评价与合理定位是新文科建设亟须解决的问题。

最后是建设难点。复合型人才的培养不仅需要通识教育，还需要专业教育和职业教育，这也要求我们在价值观、过程观、方法论和评价观上进行变革，如此才能真正克服新文科建设存在的困境。

三、新文科建设与新技术融合发展

新文科建设实际上是利用科学技术、科学理念来发展文科。对于这种体制性的改革，应该从战略和战术两个层面来进行规划。

从战略层面上看，第一，要从科学的视角来加强科学思维的教育，同时融通中华优秀传统文化的思想内涵。我国拥有辉煌厚重的文明历史，是我们坚持道路自信、理论自信、制度自信和文化自信的来源之一。它强调修身、齐家、治国、平天下，实际上是一种个体身心的平衡。因而我国人文社会科学更多强调的是内心的统一，也即人文智慧主义，这应当为新文科建设者所重视。第二，新文科建设应当强调科学信仰、思维方式的培养。第三，新文科建设需要法治来保证，没有法治的保障，科学培养就很难实现。除此以外，新文科建设建立在科学思维以及新技术应用的基础上，大数据赋能对于新文科建设而言至关重要。然而，大数据具有局限性，其存在单一化、短期化、遮蔽化等问题。数据的价值也具有短缺性，倘若现成的数据没有与人文价值判断相对应，其价值往往难以体现。同时,数据对决策的服务作用也是有限的。因此,只有数据与人文相结合的科学才能更为有效地为国家建设服务。

从战术层面看,主要表现为三个融合:第一是要加强计算思维训练和价值思维训练的融合,这样才能规避矛盾;第二是强化大数据运用训练与逻辑思维训练的融合,这样才能弥补短板;第三是通识教育、专业教育和职业教育的融合,这样才能解决新文科建设中存在的一些根本性问题。

Reflections on the Integration of New Liberal Arts Construction and New Technology

Wang Baohua

(Communication University of China,Beijing 100024)

Abstract:In the process of constructing high quality higher education system, the construction of new liberal arts is of great value. At present, the construction of new liberal arts in our country shows a state of continuous policy development, rapid development of related research, coexistence of investment and wait-and-see in practice. Such problems as unclear concept, difficult integration of traditional culture, subject identity crisis and lack of systematic reform restrict the development of new liberal arts. Therefore, we should integrate the excellent traditional Chinese culture in the construction of new liberal arts, emphasize the cultivation of scientific thinking mode, strengthen the guarantee of the rule of law, promote the combination of data and humanities, and realize multiple integration.

Keywords:new liberal arts; traditional culture; big data

新文科背景下教育学科高质量发展的战略思考[*]

朱德全^{**}

（西南大学教育学部，重庆 400715）

摘　要： 在新文科建设和"双一流"建设的战略背景下，我国教育学科建设既迎来了前所未有的机遇，又面临着高质量发展的重大挑战。因此，在教育学科高质量发展过程中，一要秉持"系统性""跨界性""关键性"的战略思维，实施战略谋划；二要围绕教育学科高质量发展的时段定位，承担起教育学科所肩负的人才培养、科学研究与社会服务的三大学科使命，实现办学定位从"教学型"到"研究型"再到"高水平研究型"的超越；三要明确战略主题，以"高峰计划"作为行动靶点，实施国际化、服务化与理论化的高峰行动；四要基于战略思维、战略定位、战略主题，从党建思政、人才培养、队伍建设、国际交流、社会服务、科学研究等方面构建教育学科高质量发展的战略行动框架，促使教育学科在新文科建设和"双一流"建设中谋求高质量发展，确立自身的身份地位。

关键词： 新文科建设；"双一流"建设；教育学科；高质量发展

在全球知识经济加速发展和我国建设高质量教育体系的背景下，新文科建设与"双一流"建设是推动当前我国高等教育创新发展的重要战略举措，更是推进我国社会主义现代化进程的关键环节。自 2015 年 10 月，国务院正式颁布《统筹推进世界一流大学和一流学科建设总体方案》以来，全国高校致力于将"世界一流学科"建设作为高等教育深化改革的目标靶向与重要内容。2018 年，教育部高等教育司在"四新"建设中明确提出要发展"新文科"，继而拉开了新时代高校

　＊　基金项目：国家首批新文科研究与改革实践项目"教育学领域新文科建设实践"（2021150025）。

　＊＊　作者简介：朱德全（1966—　　），教育部"长江学者"特聘教授，西南大学教育学部部长，教授，博士生导师，研究方向为职业教育、课程与教学论。

文科创新发展的序幕。随后"六卓越一拔尖"计划 2.0、"双万计划"、《新文科建设宣言》等一系列政策文件,更是为一流学科和新文科建设指明了具体路向,规划了实施蓝图。从学科与社会的关系来看,无论是"双一流"建设,还是新文科建设,它们都体现的是哲学社会科学为主动适应新时代发展要求而出现的内部转变,是哲学社会科学应有的学术自觉与时代担当。① 作为我国哲学社会科学主要组成部分的教育学科自设立以来,从无到有、从弱到强,学科水平不断提升、科学体系日臻完善、学科地位日益凸显,正由高速规模化发展转向高质量内涵式发展。尽管国家"双一流"建设和新文科建设的重大战略决策为教育学科高质量发展提供了良好契机,但在高等教育发展形势日益复杂的今天,教育学科也陷入转型发展的困境。就现实情况而言,当前我国教育学科存在着"专业开设必要性""教育学院创建必要性""研究生学位授权必要性"的矛盾性张力问题。② 近年来,教育学专业的学科撤并、学院撤并、研究生学位授权点撤销等现象时有发生,③教育学科无可避免地面临着生存性和发展性的双重危机。因此,"教育学科高质量发展"成为教育学一流学科和新文科建设背景下的重要议题。基于此,教育学科建设者必须立足教育学本身的改革发展,以战略性的眼光和思路,以一流学科与新文科建设的精神要求,让中国教育学科跻身于世界一流学科的行列之中。

一、教育学科高质量发展的战略思维

"一个民族要想站在科学的最高峰,就一刻也不能没有理论思维。"④思维的高度决定了事业的高度,在教育学科高质量发展过程中,要准确把握战略态势,制定战略方针规划,就离不开战略思维的作用。新时代,教育学科高质量发展的战略思维主要聚焦于系统性思维、跨界性思维和关键性思维。首先,系统性思维体现为注重教育学科的整体性发展。在教育学科建设过程中,建设者要站位全局,全面审视教育学科内在要素的发展状态,厘清学科建设的逻辑关系,抓住关键环节和主要矛盾,注重基层探索与顶层设计的良性互动。在此基础上,进一步

① 王兆璟.新文科建设与教育学的时代变革[J].西北师大学报(社会科学版),2019(5):31-35.
② 蒋华林."双一流"背景下高等教育学学科何去何从?[J].重庆高教研究,2017(2):122-127.
③ 吴叶林,崔延强.建设高等教育学一流学科的逻辑与路径选择[J].大学教育科学,2020(5):32-39.
④ 马克思恩格斯选集:第 3 卷[M].3 版.北京:人民出版社.2012:875.

构建出教育学一流学科和新文科建设的协同发展机制,促使各项改革举措相互配合、相互促进,全方位推进教育学科高质量发展。其次,跨界性思维体现为注重教育学科的融合性发展。步入知识经济时代,大学开始打破以往与社会政治、经济发展现实需要相隔绝的封闭状态,知识生产也开始突破界限森严的学科壁垒,①因而教育学科建设必然要突破传统单一学科的发展模式,从"孤岛"走向"联合",提升教育学科的交叉融合程度。② 特别是在新文科建设的理念下,教育学科的发展更加强调学科的开放性和融合性,更加强调跨学科、跨领域的综合性交叉研究。那么,建设者就要秉持跨界性思维,注重"大教育学科"的构建,充分借用其他学科的力量构建起利于教育学科发展的学科生态群。在科研成果上,要注重跨学科的交叉融合研究,广泛借鉴不同学科的研究方法与理论成果;在师资建设上,要注重教师学科背景的多元化,引进跨学科导师,建立跨学科、跨领域的教师发展共同体;在平台建设上,要根据学科发展规划,孕育教育学科生态群,充分发挥教育学科的集群效应。最后,关键性思维体现为注重教育学科的自身品质提升。针对"双一流"建设和新文科建设,关键性思维相比系统性思维和跨界性思维更为重要,因为关键性思维的有无将决定着教育学科是否能跻身为世界一流学科,能否更好地引领新时代新教育的发展。建设者以关键性思维谋划教育学科建设的重点在于抓"关键少数",即抓住重大项目、重点平台、重要奖项,突出"项目、平台和奖项"的发展思路,以三者凸显教育学科独特的学术价值和鲜明的应用价值,进而为教育学科争取学术话语权,提升教育学科的影响力。一要根据国家重大战略需求和学术前沿发展需求进行重大教育学科项目攻关,提高教育学科的社会贡献值,推动教育学科的发展进程。二要通过重点平台的建设,搭建学科发展的载体,为教育学科建设提供可持续性的供给资源,推动教育学科的现代化进程发展,丰富教育学科研究领域的成果。三要通过重要奖项的积淀,提高中国教育学科在国际和国内的影响力与竞争力,彰显中国教育学科的独特性与价值性。

① 孙华,徐思南.知识进化与大学变革:兼论我国"双一流"建设焦点[J].江苏高教,2022(4):26-35.

② 周文辉,勾悦,李明磊.教育学科如何适应"双一流"建设:基于中美研究型大学教育学科建设比较研究[J].研究生教育研究,2018(1):83-90.

二、教育学科高质量发展的战略定位

　　教育学科高质量发展的战略定位,即教育学科高质量发展的办学定位。办学定位植根于学科使命,具有引领学科发展方向的作用。[①] 教育学科在新形势下如何找准自己的发展空间与前进方向,进而制定自身的战略行动,这对于学科建设者而言是头等大事。"双一流"建设和新文科建设作为新时代高等教育综合改革的发展主题与阶段任务,为教育学科的高质量发展提供了认知前提。建设者要准确把握住"双一流"建设和新文科建设的需求,及时深入地理解、转变教育学科高质量发展的办学定位,承担起教育学科在高质量发展过程中肩负的人才培养、科学研究与社会服务的三大学科使命,实现办学定位从"教学型"到"研究型"再到"高水平研究型"的超越。首先,建设者要将教学质量提升作为学科建设的重心,坚持"育人为本、德育为先、能力为重、全面发展"的培养理念,建立以教学为中心的人才培养机制、激励评价机制与资源分配机制,将人才培养方向与经济社会发展紧密结合,为我国现代化建设提供高层次、高水平的教育人才支持。[②] 其次,在满足人才培养的标准之后,建设者要从提升学科地位和增强学科竞争力的角度出发,关注教育学科的知识生产与创新,将"研究"作为教育学科建设的工作重心,利用有影响力的研究成果为经济与社会发展做出贡献,产生广泛的社会影响,从而提升和确立教育学科的国际地位和知名度,确保教育学科在高等教育综合改革的浪潮中稳住根基。最后,教育学要走向高质量,建设者就要将办学定位于"高水平研究型",以质取胜,注重教育学科在一流学科和新文科建设过程中"学"与"术"的融合。一方面,要通过高水平的教学培养一流拔尖人才,让教育学科充分发挥出对高层次一流人才的支撑和引领作用,为社会贡献出高质量的人力资源;另一方面,要关切、着眼于社会存在的问题,通过高水平的学术研究产出高质量的学术成果,利用这些学术成果推动实践发展,解决社会性难题,进而深化教育学科的社会服务功能,实现学科的自救和超越。

---

① 韩双淼,谢静.世界一流教育学科建设模式的比较研究[J].高等教育研究,2021,42(12):59-70.

② 周霖,王澍.教育学本科人才培养的挑战与应对[J].国家教育行政学院学报,2022(3):46-55.

三、教育学科高质量发展的战略主题

战略主题是教育学科高质量发展的行动靶向。"十四五"期间,"高质量发展"成为我国经济社会领域的战略主题。在这样的时代背景感召下,教育学科建设要以"高峰计划"作为行动主题,架构教育学一流学科和新文科建设的框架体系。首先,要推进实施国际化高峰行动,提升教育学科的国际竞争力。在教育学科建设过程中,建设者要秉持国际视野,探索中国特色现代教育学体系的国际认知与国际认同,传播推广中国特色现代教育学体系并走向国际化。[①] 力求将培养世界一流人才、建设世界顶级教育研究中心、产出具有国际影响力的教育研究成果视为教育学科建设的时代使命,通过成熟的国际招生体系、国际学习交流机会、国际化课程、国际性会议、国际校友圈等构建中国教育学的学科形象,支撑教育学科的国际化发展。其次,要推进实施服务化高峰行动,发挥教育学科的服务功能。"双一流"建设和新文科建设要求教育学科建设要有服务人民需要、社会需求和国家战略的使命担当,要体现学科建设和新的技术产业革命相结合以后出现的新变化。[②] 基于此,建设者要不断强化服务理念,主动将教育学科高质量发展放在国家和人民发展需要的大背景下,加快促进学科发展与社会服务、技术革命的紧密结合。一要建立囊括数据库、教育发展年度报告、咨询报告、委托咨政等内容的新型智库,形成学科和智库建设双向发展、良性互动的态势,进而为政府和高校的科学决策提供理论支撑;二要建立囊括智慧教育学、新学习科学、教育神经学、儿童健康学、教育环境学等内容的新文科领域,借助多学科资源,获取学科发展的养分,形成宽泛的文科研究领域,促使教育学科具备强劲的学术发展力。三要建立以人才培养、科学研究和社会服务为导向的新文科实验室,以优质的平台资源,推动教育学科的创新发展与质量提升。四要推进实施理论化高峰行动,确立教育学科的"系科之位"。[③]构建中国特色的哲学社会科学话语体

---

① 侯怀银.论中国特色现代教育学体系的发展与创新[J].河北师范大学学报(教育科学版),2022,24(2):3-16.

② 危红波.数字社会的法学教育因应:基于新文科建设视角的理论考察[J].华东政法大学学报,2022,25(3):169-176.

③ 苏林琴.综合性大学教育学科发展的生态学考察[J].教育研究,2020,41(2):101-110.

系、理论体系是新文科建设的重要使命,也是教育学科谋求高质量发展的基本方向。[①] 因此,建设者要关注到教育学科建设的基础理论性问题,加强学科基本理论建设,形成规范与统一的教育学科知识体系。[②] 建设者要不断增强我国教育学科的自主性、独立性和特色性,要积极组织开展学术研究活动,推动高水平学术成果的产出。其中,特别是要注重构建"未来的、智慧的、特色的、扎根的"教育学理论体系、话语体系、概念体系、思想体系、学科体系,以此提升我国教育学科的学科品质与学术价值,促使学科基本理论日臻成熟。

四、教育学科高质量发展的战略框架

基于教育学科高质量发展的战略思维、战略定位与战略主题,教育学科建设的战略框架可以归纳为"三个三"体系。第一,要基于关键性战略思维,围绕"三个重大"行动,即平台、项目、奖项,把握关键指标;第二,要基于"系统性思维"和"跨界性思维",围绕"三全治理"行动,即全过程、全方位、全员,把握整体指标;第三,要基于"高峰行动",围绕"三个一流"行动,即打造一流团队、一流领域、一流人才,把握可显性指标。中层位战略框架可以归纳为六个关键词,即团队、项目、领域、成果、人才、平台。这六个关键词形成了教育学科建设的推进路线,即以团队攻关项目为例,项目催生领域,领域产出成果,成果培养人才,人才跟进平台。下层位的战略框架是学科建设具体的行动方案,主要包括八项行动内容:第一,在党建思政方面,建设者要将教育学科融入党建思政工作中,基于课程思政,提出学科思政,在学科建设中始终深入贯彻落实习近平新时代中国特色社会主义思想,将马克思主义基本原理和中国教育理论研究相结合,并贯穿于教学和研究的全过程,做到党建思政和学科建设的同向同行。第二,在教师人才培养方面,建设者要通过一流平台支撑一流人才。如通过建设一流领域群,培养跨学科教师;通过建设一流专业群,提高教师的学术能力;通过建设一流课程群,提升教师的教学能力;通过建设一流实验室群,提升教师的操作实践能力。第三,在科学研究方面,要以"优特领域"催生"重大标志性成果",继续提升优势领域,不断彰

① 袁同凯,冯朝亮.新文科建设背景下中国教育人类学学科发展反思与前瞻[J].民族教育研究,2022,33(2):52-59.
② 唐萌."双一流"建设背景下我国高等教育学的发展之路:中国高等教育学会高等教育学专业委员会 2016 年学术年会综述[J].高等教育研究,2017,38(1):105-108.

显特色领域,以优势和特色领域产出具有影响力的标志性成果。第四,在社会服务方面,要体现"校地""校校""校政"的战略合作与智库咨政服务,围绕"高教、基教、职教、成教、特教、幼教"展开一体化服务战略。第五,在国际交流方面,要围绕"五大指数",即留学生、境外办学、国际成果、国际会议、国际互访,不断扩大国际影响力。第六,在师资队伍建设方面,要以"四大计划"驱动"四类人才"。一是通过"攀登计划",引进高端人才;二是通过"支撑计划",激励骨干人才;三是通过"薪火计划",支持特色人才;四是通过"种子计划",培养青年人才。第七,在学生人才培养上,要围绕"三小"体系——小班、小组、小项目开展教学。一要精简教育学科本科招生人数,进行小班化、精英化教学,注重夯实学生的教育学知识基础;二要将小班拆分成小组,利用博士生和青年教师引领学生进行小组合作学习,实施"本博牵手""导师制",为学生提供人生规划建议与学业解惑;三要利用"小项目",驱动小组合作学习,培养学生的学科研究兴趣与能力。第八,在教育学一流学科建设过程中,由于教学与科研工作者压力较大,因而还要注重民生工程建设。要关注教师心理健康,为其缓解压力,具体如改善待遇、和谐人际、美化环境、舒适场地等,进而充分调动教师参与教育学一流学科建设的积极性。

Strategic thinking on the high quality development of educational discipline under the background of the Construction of New Liberal Arts

Zhu Dequan

(Faculty of Education, Southwest University, Chongqing 400715)

Abstract: Under the strategic background of national "double first-class" construction and new liberal arts construction, China's educational discipline construction has not only ushered in unprecedented opportunities, but also faced major challenges of high-quality development. Therefore, in the process of high-quality development of educational disciplines, first, we should adhere to the strategic thinking of "systematic", "cross-border" and "key" and implement strategic planning; Second, we should focus on the period positioning of the high-quality development of the education discipline, undertake the three university discipline missions of talent training, scientific research and social service shouldered by the education discipline, and realize the transcendence of the school running positioning from "teaching type" to "research type" and then to "high-level research type"; Third, we should clarify the strategic theme, take the"Summit Plan"as the action target, and implement the international, service-oriented and theoretical summit action; Fourth, based on strategic thinking, strategic positioning and strategic themes, we should build a strategic action framework for the high-quality development of educational disciplines from the aspects of Party building, ideological and political work, personnel training, team building, international exchanges, social services and scientific research, so as to promote the educational disciplines to seek high-quality development and establish their own status in the construction of"double first-class"and new liberal arts.

Key words：new liberal arts construction;"double first-class"construction; educational discipline; high quality development

教育基本理论

教育内外部关系规律的前提性追问与辩证性反思

李枭鹰*

（大连理工大学 高等教育研究院，大连 116024）

摘　要：教育内外部关系规律是 20 世纪 80 年代初潘懋元先生提出的。教育内外部关系规律具有三重主要价值论意蕴，即教育内外部关系规律是潘懋元高等教育理论与思想的核心；教育内外部关系规律是高等教育研究厦大学派的生成元；教育内外部关系规律是中国高等教育学的源理论。2023 年是我国高等教育学制度化建设 40 周年，我们有必要对教育内外部关系规律进行"再研究"，因为这对高等教育学学科建设再出发具有特殊而重大的意义。本文探讨了教育内外部关系规律的"前提性追问"，即教育规律是否存在，教育规律是否可以创造、改造和改变，以及教育内外部关系规律的"辩证性反思"，即如何理解教育内外部关系规律的四重表述，教育内外部关系规律的提法是否科学，教育内外部关系规律的理论依据是否可靠，关于教育内外部关系规律的交流对话应该聚焦于什么。

关键词：高等教育；教育内外部关系规律；前提性追问；辩证性反思

　　教育内外部关系规律是 20 世纪 80 年代初潘懋元先生提出的。从时间上看，教育内外部关系规律早生于我国的高等教育学，抑或可以说，孕生了我国的高等教育学。从总体上看，教育内外部关系规律具有三重主要价值论意蕴，即教育内外部关系规律是潘懋元高等教育理论与思想的核心；教育内外部关系规律是高等教育研究厦大学派的生成元；教育内外部关系规律是中国高等教育学的源理论。2023 年是我国高等教育学制度化建设 40 周年，鉴于教育内外部关系规律所具有的独特的价值论意蕴，我们有必要对教育内外部关系规律进行"再研究"，因为这对高等教育学学科建设再出发具有特殊而重大的意义。

---

　　* 作者简介：李枭鹰（1973—　），大连理工大学高等教育研究院教授，博士生导师，研究方向为高等教育基本理论和高等教育哲学。

"追问"和"反思"是"再研究"的要义。众所周知,没有追问尤其是前提性追问的研究,是没有根基的研究;缺乏反思尤其是批判性反思或辩证性反思的学术成果,是不完备的学术成果。对于正在进行的研究,面对业已呈现的各种理论、学说、主义、思想、观点等,恰切的态度和做法是不断地对其进行追问和反思,如此,我们才能从根本上探明、理解和把握其科学性或合理性。本文拟探讨教育内外部关系规律的"前提性追问",即教育规律是否存在,教育规律是否可以创造、改造和改变,以及教育内外部关系规律的"辩证性反思",即如何理解教育内外部关系规律的四重表述,教育内外部关系规律的提法是否科学,教育内外部关系规律的理论依据是否可靠,关于教育内外部关系规律的交流对话应该聚焦于什么。我们期待这种追问和反思对理解、完善、丰富和发展教育内外部关系规律有所裨益。

一、教育内外部关系规律的前提性追问

追问可以是围绕某个主题进行的递进式的连续性发问,也可以是就某些理论、学说、思想、观点、方法等进行发散式的系统性询问,但我们的追问是一种刨根问底式的前提性探问。

按照推演次序,对教育内外部关系规律进行前提性追问,又要继续向前深耕到对规律的前提性追问。鉴于此,我们拟对一般意义上的规律进行前提性追问,因为这种追问更加深刻、更加彻底、更加周延、更具普遍性。对此,我们何乐而不为呢?

走向社会历史的深处发现,人类对于规律的探究与认知可谓源远流长,像古希腊时期的"命运""逻各斯"等均有规律之意蕴,而中国先贤们讨论的"道""理""常"等也实为"世界的可理解的规律"。尽管如此,两千多年来,规律至今依然是一个难解而又令人着迷的问题,而人们对规律如此"着迷"或许正是根源于规律本身的"难解"。当然,原因并非仅仅如此,还在于规律近似于真理。

探寻、发现和揭示规律,追求确定性、必然性和稳定性,是人类的求知天性,是人类的思维习惯,是人类的行动诉求。一直以来,每当我们采取各种行动时,总希望有套路可循,习惯于有章法可依,如此,以求事半功倍,甚或一劳永逸。正因为如此,我们总是喜欢"言必称规律",总是喜欢"言必按规律办事"。

然而,我们无人不晓,规律恰如"千古之谜",有限理性的人类,既难走近规律,也难走进规律,更难走出规律,即"入乎其内,出乎其外,超乎其上"谈何容易!时至今日,恐怕还没有谁可以确切地告诉我们"规律到底为何物"或"规律究竟是何样",也还没有人可以直接地指出"规律在哪里"或"规律就在那里"。毋庸讳言,没有人能够就规律的一系列疑问,给出令人信服的答案,哪怕是那些专门研究规律或靠研究规律吃饭的人,恐怕也很难对规律说个透彻、讲个明白,更不用说按规律行事了。尽管如此,我们依然孜孜以求去寻找规律、研究规律、发现规律和揭示规律。毫无疑问,这是必要的。同时,我们也不要忘了,关于规律还存在一系列"事前之事"或"事前之问",需要去追问、解答和确证,否则,在规律这个问题上,我们难免"以糊涂对糊涂",诸如以认识的糊涂对认识的糊涂,或以认识的糊涂对行动的糊涂,或以行动的糊涂对行动的糊涂。

(一)规律是否存在

这是一个事关是否有必要探究规律以及能否探究规律的前提性问题。从逻辑上讲,如果不存在规律或规律根本不存在,那么探究规律无疑是多此一举,或必将无功而返;本不存在规律,却偏要去探究规律,那无异于去寻找"虚无"或"本不存在的东西"。

迄今为止,学界普遍承认自然规律的客观性,而对社会规律的客观性则存有两种截然相反的论点:决定论认为,一切事物皆存在自身的运行发展规律,自然、社会、思维等一切领域存在自身的规律,而且不同事物或领域的规律存在自身的特殊性;非决定论认为,社会历史过程充满不确定性或偶然性,不具有客观规律性和必然性,亦即社会历史的发展是不可预测的。

那么,到底有没有规律?这个问题并不好回答,武断地说"有"或"没有",并不令人信服,但我们似乎也没有太多好的办法。一般地说,一种事物越是能在经验上被我们独立出来,或与观察者分离,或与周围环境分离,我们越容易确认其客观真实性;与之相反,我们就不自觉地怀疑其客观真实性,起码不敢肯定其客观真实性,毕竟是"看不见、摸不着、感觉不到",即无法经验到。作为一种本质或本质之间的关系或关系函数,规律是无形的,是超经验的,我们无法像分离物质那样,将规律从某种对象中分离出来,并将其置于我们面前,然后借助各种工具对其进行观察和研究,因而"规律是否存在"经常表征为一个信仰问题,即"信者有而不信者无"。亦即说,因为规律不可见、不可感和不可摸,我们无法通过经验或感知证明其存在与否,经常只能诉诸信仰。

放眼世界万事、万物和万象,不管我们信或不信,必然性与偶然性、有序与无序、组织与离散、小概率规律与大概率无规律,如同鸡蛋搅拌后的蛋黄与蛋清,在复杂世界始终是混合并存的,表征为"你中有我,我中有你"。用辩证法的眼光看,对立统一的双方,一方总是相对于另一方而存在,并且总是因为另一方而存在,主观地让双方相互排斥或相互否定,不符合复杂世界的本来面目。我们绝对不能因信仰一方而否定另一方的存在,否则,这种信仰本身也就违背了规律,必将永远走不出"一切质疑在质疑中被质疑"的圆圈。

规律是客观存在的,这是现代科学研究的基本结论。无论我们信或不信,无人可以改变这个客观事实。宇宙世界存在各式各样的规律或规律现象,诸如基因排列的对称规律,分子组成的结构规律,生态重塑的修复规律,细胞修复的再生规律,营养繁殖的嫁接规律,生物克隆的复制规律,机体代谢的调节规律,昼夜有分的生理规律,生命发育的增长规律,声音传播的波动规律,溶液饱和的结晶规律,天体运行的周期规律,能量转换的循环规律,上下波动的价格规律,适者生存的进化规律,四季轮换的交替规律,榫卯结构的耦合规律,相互依存的共生规律,整体生成的生态规律,相生相克的生发规律,基因突变的遗传规律,热量辐射的衰减规律,算法执行的程序规律,代码控制的命令规律,黄金分割的审美规律,行为印刻的文化规律,温故知新的学习规律,教学相长的教学规律,因材施教的教育规律……凡此种种,不胜枚举。尽管如此,宇宙世界不纯粹是一个规律的或有序的世界,相反,在大概率上是一个无规律的或无序的世界;在宇宙世界中,规律或有序类似于一个又一个"小岛",而无规律或无序则如同一座又一座"群岛"。

世界存在物质规律、运动规律、发展规律和循环规律等这样或那样的规律,每一种规律只是认识对象的一个视角,认识到一个规律不代表认识了这个对象的全部,只能说认识了这个对象的一个切面或侧面,这如同盲人摸象,所摸到的每个部位呈现的只是大象的局部。按照"规律是关系……本质的或本质之间的关系"[①]的界定,走进无形的本质世界或关系世界是一件相当不易的事情,说"我们只能无限接近规律"一点也不过分,这一如"我们只能无限接近真理"。在该意义上说,我们已经"发现的规律"未必是"真正的规律",或许只是被我们"认识的规律"。对此,我们不难从经验中获得侧面或间接的佐证。在自然科学领域,年复一年的诺贝尔奖的评比告诉我们,面对同一个对象,我们的认识总是在不断突破或超越,后来的发现总是要突破或超越以前的发现,原以为是真理的认识,过一段时间又被否定,被新的认识所取代,这或隐或显地告诉我们,规律如同真理只能无限接近。众所周知,原子曾被视为最小的微粒,现代科学发现原子还可以继续"细分",直至"基本粒子",最后发现"基本粒子"其实也并不"基本"。因此,面对"发现的规律"或"认识的规律",我们不能盲从,也不能盲信,相反,我们要反

---

① 列宁.哲学笔记[M].北京:人民出版社,1974:161.

思、质疑和批判,要重新考察、探究和确证,更要对其进行"元研究",以求无限接近"真正的规律"。

(二)规律是否可以创造、改造和改变

规律就是关系……本质的关系或本质之间的关系。这是列宁对黑格尔关于"规律就是关系"之论点的推进、延拓和升华。中国辞书《辞海》认为,规律"是客观的,是事物本身所固有的,人们不能创造、改变和消灭规律,但能认识它,利用它来改造自然,改造人类社会"①。张楚廷先生认为,《辞海》的这种解释是一种"纯自然规律观","把物质的意义说到了绝对的程度,不仅是贬低或忽视了意识的意义,而且也没有说清楚物质本身的实际意义……"②同时,他还强调"是人带来了人间的规律,是人创造了人间的规律,是人在不断改造、改变着人间的规律……"③不过,我们务必看到,张先生所强调的"人间的规律",属于"认识的规律",并非或未必是"真正的规律"。从理论上说,一切"认识的规律",如同一切理论、学说、主义、思想、主张和观点,皆有其"适用范围",皆具有其自身难以克服的"不完备性",皆存在被修正的可能性、必要性和逻辑性。放之四海而皆准的理论、学说、主义、思想、主张和观点,往往不具备"可证伪性",按照科学哲学家波普尔对科学划界的标准,这反而是不科学的。

宇宙在漫长的演化中自我形成,自然界的各种关系也是在漫长的演化中自我形成的,用哈耶克、弗里德曼的话说,这是一种"自生秩序"或"自发自生秩序"。譬如,各天体之间的相互作用、太阳的东升西落、月亮的阴晴圆缺、春夏秋冬的四季变化,以及生物界各种能量级和食物链之间的关系,与人类是否参与其中几乎无关。不唯"自然关系"不是人创造的,"自然规律"也不是人创造的。人不能创造自然规律,只能发现或呈现自然规律,像哥白尼只是发现并呈现了"地动说"或"日心说",牛顿只是发现并呈现了"万有引力定律",开普勒只是发现并呈现了"天体运动定律",爱因斯坦只是发现并呈现了"相对论"。相对于自然关系的"自我生成性",社会关系则具有"人为建构性",我们可以称之为"社会干预",即社会关系的形成渗透着人类活动的介入以及人类的主观能动性,但这也并不意味着我们可以创造、改造和改变"真正的社会规律"或"社会规律本身"。

---

① 辞海[M].上海:上海辞书出版社,2000:1744.
② 张楚廷.教育哲学[M].北京:教育科学出版社,2006:195.
③ 张楚廷.教育哲学[M].北京:教育科学出版社,2006:198.

　　社会规律是客观存在的，人类社会按照一定秩序或法则运行发展。社会规律"不为尧存，不为舜亡"，无论我们承认或相信与否。马克思主义认为，规律是不可创造、改造和改变的，人类创造、改造和改变的不是规律本身，而是规律运行的条件和过程，并由此而改变了规律运行的结果，但这些皆不是"规律本身"，"规律本身"是改变不了的，"高峡出平湖"或"南水北调"在根本上是遵循"水往低处流"的基本规律，通过改变相关的条件和过程而产生的结果。

　　探寻规律，遵循规律，按规律办事，就是发挥人类的主观能动性，这是人类的伟大之处。人类社会的一切，在根本上都与人类主观能动性密不可分。人类社会的发展一方面要受到社会规律的支配和制约，另一方面人类也可以创造、改造和改变社会规律运行的条件和过程，谋求和实现社会规律的决定性与选择性、符规律性与合目的性的辩证统一。可以说，人类社会的一切既是决定论的又是选择论的，既是符规律性的又是合目的性的。

二、教育内外部关系规律的辩证性反思

　　探索和发现事物的运行发展规律，具有重大的认识世界和改造世界的意义与价值。正因为如此，人类总是不遗余力地去探索和发现宇宙万物的运行发展规律，以求在认识和改造世界的过程中少走弯路或取得事半功倍的效果。当今世界，形形色色的学科无不致力于探索和发现相应领域各事物的运行发展规律，同时也因为探索和发现了不同领域各事物的运行发展规律而获得学科的合法性以及学科应有的尊重。教育学是一门致力于探索和发现教育规律的学科，高等教育学在学科制度上属于教育学的一个二级学科，教育内外部关系规律是学界公认的高等教育学的"理论符号"[①]或"理论标志"。尽管如此，教育内外部关系规律依然遭受这样或那样的质疑。我们需要重视这些质疑，并以之为动力，完善、丰富和发展教育内外部关系规律，增强其解释力、改造力、预测力以及自我反思、质疑和批判的能力。

　　按照苏格拉底"没有经过反省的人生是不值得活的"和笛卡儿"我思故我在"的说法，我们每一个人都不能没有反思精神。抛开人生不说，面对世界万事、万物和万象，我们每一个人都需要有一种反思精神，因为这是一种哲学精神，一种"爱智慧"的精神。可以说，缺乏反思的学术成果，是不完备的学术成果。作为研

---

　　①　邬大光,潘懋元.高等教育学的中国符号[J].高等教育研究,2020,41(7):1-12.

究者或学人,我们既需要理论的热情,也需要对理论的反思精神,因为任何一种理论皆存在自身的"不完备性",即存在自身的缺口、悖论、反常、陷阱、坑洞,需要我们对其进行深刻而系统的反思,发现理论的困难,以求实现对理论的修正、完善和发展。站在科学发展的历史长河中看,即使是在最为明显或最为理性的观念背后,也隐藏着许多认识的陷阱与反常的认识。对此,我们一方面"必须与观念进行一场决定性的斗争,但我们只能在观念的援助下进行这场斗争"[①];另一方面,我们还要洞见"认识的主要思想障碍就在我们思想的认识手段中"[②]。那么,如何对观念、理念、认识、方法、手段等进行有效的反思?除了转变思想,更新观念,我们需要寻找一个"元视点"或"瞭望台",然后居其上,审视这些观念、理念、认识、方法和手段。这是另外一个话题,恕不在此赘述。

(一)如何理解教育内外部关系规律的四重表述

教育内外部关系规律主要存在以下四重表述:(1)教育存在两条最基本的规律:一条是关于教育与社会发展关系的规律,称为教育外部关系规律;另一条是关于教育和人的发展关系的规律,称为教育内部关系规律。(2)教育外部关系规律是指教育要受经济、政治、文化等的制约,并对社会的经济、政治、文化等的发展起作用;教育内部关系规律是指在人的培养这一复杂的过程中,各种因素之间的必然关系。(3)教育外部关系规律可以概括为"教育要与社会的发展相适应";教育内部关系规律可以概括为"教育要与人的发展相适应"。(4)教育外部关系规律制约着教育内部关系规律的作用,但教育外部关系规律也只能通过教育内部关系规律来实现。[③]

对这四重表述加以研究,我们不难洞见:(1)第一重表述揭示了教育规律是一种特殊的教育关系或教育关系的函数,即一种本质的或本质之间的教育关系。(2)第二重表述揭示了教育关系的相互制约性、相互作用性、双向互动性、弹性必然性、网络非线性。(3)第三重表述揭示了教育规律的选择性或能动性,即教育要与社会的发展相适应、教育要与人的发展相适应,潜含人在教育规律面前具有主观能动性,暗含一种教育规律原则化的取向,即第三重表述是第二重表述的原则化,这意味着第二重表述是大前提、第三重表述是推论或结论。具体而言,"教

---

①　埃德加·莫兰.方法:思想观念[M].秦海鹰,译.北京:北京大学出版社,2002:271.

②　埃德加·莫兰.方法:思想观念[M].秦海鹰,译.北京:北京大学出版社,2002:271.

③　潘懋元.新编高等教育学[M].北京:北京师范大学出版社,1996:12-14.

育要受经济、政治、文化等的制约,并对社会的经济、政治、文化等的发展起作用"是客观事实,其中的"要"是不带价值取向的,是大前提;"教育要与社会的发展相适应、教育要与人的发展相适应"中的"要"具有价值取向,是推论或结论;大前提客观正确,推论或结论则合理可信。长期以来,教育内外部关系规律表述中"要"等字眼,屡屡遭到诘难或诟病,理由是规律的表述是客观的,不应带有"价值涉入"的字眼。事实上,带有价值涉入的字眼未必意味着"不客观",诸如马克思发现了人类历史的发展规律,即历来为繁芜丛杂的意识形态所掩盖着的一个简单事实:人们首先必须吃、喝、住、穿,然后才从事政治、科学、艺术、宗教等,这里的"必须"与教育内外部关系规律第二重表述中的"要"一样,呈现的是"客观事实",并不带有价值涉入的意蕴。(4)第二重、第三重表述联合揭示了教育规律是决定性与选择性的统一,区别于自然规律的纯粹决定性。亦即说,教育内外部关系规律"揭示了教育因果关系的客观性和决定性,辩证地将决定性和选择性统一到教育规律之中"①,而"教育要与社会的发展相适应、教育要与人的发展相适应"则暗含着教育规律的选择性或人的主观能动性,这也是社会规律与自然规律最重要的区别所在,即自然规律是纯粹的决定性的,社会规律则是决定性与选择性的统一。(5)第四重表述一方面揭示了教育内外部关系规律是一个有机整体,两者相互规约、互相成就;另一方面,揭示了教育内外部关系之间还存在关系,教育内外部关系规律之间还存在规律。看不到这些,就容易片面地、孤立地、静态地理解教育内外部关系规律,滋生这样或那样的误解。

(二)教育内外部关系规律的提法是否科学

教育内外部关系规律提出以来,遭遇了一些质疑或诘难,这些质疑或诘难相互碰撞共塑了教育规律研究的百花园,纵深推进了教育规律研究,但留下的"悬案"一直没有"了结"。这对我们完善、丰富和深化教育内外部关系规律极为不利,非常有必要讲清其中的道理,消除那些不必要的疑虑或质疑。

第一,教育内外部关系规律中"内部"和"外部"的表述是否合理。这是关于教育内外部关系规律第一次"交流对话"的议题。黄济先生认为,根据规律作用范围的不同,可以将规律分为普遍规律与特殊规律,而"有人把教育与社会的关系视为外部关系,把教育与个体身心发展规律的关系视为内部关系。以此来划

---

① 李枭鹰.高等教育内外部关系规律的元研究[J].中国高教研究,2016(11):12-17.

分内外关系,妥否? 还可以继续研讨,我并不完全同意这种划分"①。孙喜亭先生认为,将教育规律分为一般规律和特殊规律"较之通常说的教育的外部规律、教育的内部规律更科学些"②。从某种意义上说,教育内外部关系规律属于教育一般规律(或教育基本规律或教育普遍规律),抑或说教育一般规律包括教育内部关系规律和教育外部关系规律。进一步说,教育内外部关系规律是教育一般规律的横向分类,它并不否定教育规律的纵向分层,即将教育规律分为教育一般规律(或教育基本规律或教育普遍规律)和教育特殊规律两个层次。当然,教育规律的纵向分层也无法否定教育一般规律(或教育基本规律/教育普遍规律)和教育特殊规律的横向分类。从该意义上说,以上的"交流对话"不在同一个"频道"上,与之相应的"质疑或诘难"理当在分类、分层的思维框架下展开。

第二,关于教育内外部关系规律的他学科求证。按照"规律即关系……本质的或本质之间的关系"的说法,"内部关系规律"实为"本质的关系","外部关系规律"实乃"本质之间的关系"。照此界说,从其他学科领域发现的各种规律来看,确实存在"内外部关系规律"及其表达,像毕达哥拉斯定理表达的实乃一种"内部关系规律",万有引力定律和开普勒天体运动定律(包括轨道定律、面积定律和周期定律)表达的则是一种"外部关系规律"。基于"教育是一个关系系统或关系性存在",也基于"教育既在关系中自成系统,又在关系中与其他系统互成系统,还在关系中生成演化",还基于"教育关系是考察教育的元点和回归点",立足于教育内外部关系对教育规律进行分类和表达,经得起理性的推敲和雄辩。当然,教育内外部关系规律不是所有的教育规律,它们只是两条最基本的教育规律,而且只是教育一般规律这个规律家族中的两个成员。教育规律是体系性的、集合性的、家族性的和多类多层性的,鉴于教育是总体性、一般性和特殊性的统一体,教育规律至少包括教育总体规律、教育一般规律和教育特殊规律,它们各自又是家族性的,每一个规律家族又拥有众多家族成员,这些家族成员具有典型的"家族相似性"。这又是另外一个研究议题。对此,笔者待发表的拙文《高等教育规律的逻辑结构》做了详细论述。

(三)教育内外部关系规律的理论依据是否可靠

从《实践—理论—应用:潘懋元口述史》(华中科技大学出版社 2019 年版)得

---

① 黄济.对教育本质问题的再认识[J].北京师范大学学报(社会科学版),1998(3):5-12.
② 孙喜亭.教育学问题研究概述[M].天津:天津教育出版社,1989:56.

知,唯物主义实践论和系统论是教育内外部关系规律的主要理论依据或方法论。毛泽东在《实践论》中如是说:"通过实践而发现真理,又通过实践而证实真理和发展真理。从感性认识而能动地发展到理性认识,又从理性认识而能动地指导革命实践,改造主观世界和客观世界。实践、认识、再实践、再认识,这种形式,循环往复以至无穷,而实践和认识之每一循环的内容,都比较地进到了高一级的程度。这就是辩证唯物论的全部内容,这就是辩证唯物论的知行统一观。"①不难洞见,实践决定认识,认识反作用于实践。这是唯物主义实践论的核心要义。按照唯物主义实践论的观点,人类的生产活动是最基本的实践活动,是决定其他一切活动的基础,集中表征为"经济基础决定上层建筑,而上层建筑对经济基础具有反作用"。从系统论的视角看,教育是一个复杂系统,立足于教育内外部关系以及教育内外部关系之间的关系,探究、发现和揭示教育规律,是务本的和扎根的研究,这与"规律就是关系"内在一致。辩证唯物主义或唯物主义实践论是科学的,系统论也是科学的,这无须我们再去论证。以之为主要理论依据或方法论,考察教育规律,经得起理性的雄辩和实践的检验。教育内外部关系规律自提出以来,备受理论工作者和实践工作者的认同,经由实践反复证明绝非中看不中用的"屠龙之术"②。

(四)关于教育内外部关系规律的交流对话应该聚焦于什么

我们在多种场合讲到,教育内外部关系规律提出以来,学界围绕其进行过三次较大的"交流对话",核心"议题"依次为:(1)教育规律用"内部"和"外部"来表述是否合理;(2)教育及其过程是否存在规律;(3)教育内外部关系规律是否为一种适应论。③稍加分析不难发现,"以往的'交流对话'基本上是从'内部''外部''规律''适应'等概念出发的,对'关系'重视不够、关注不多、挖掘不深,而后者恰恰是理解教育内外部关系规律的根本所在。"④

从逻辑上讲,既然是"关系规律",那么为什么不聚焦于"关系"进行"交流对

① 毛泽东选集:第1卷[M].北京:人民出版社,1991:296-297.

② 李泉鹰.教育内外部关系规律的提出、对话和源流[J].厦门大学学报(哲学社会科学版),2020(5):48-53.

③ 李泉鹰.教育内外部关系规律的提出、对话和源流[J].厦门大学学报(哲学社会科学版),2020(5):48-53.

④ 李泉鹰,袁开源,唐德海.教育内外部关系规律的间性思想及其理论价值[J].江苏高教,2021(1):1-6.

话"呢？对此，我们坚信：要走进教育内外部关系规律，必须先走进高等教育关系；而走进高等教育关系，又根基于对高等教育关系的本体论、价值论、认识论、方法论、目的论和实践论意蕴的系统把握。鉴于高等教育的关系属性，也鉴于高等教育关系具有特殊的本体论、价值论、认识论、方法论、目的论和实践论意蕴，建立一门"高等教育关系学"非常有必要，因为它可以为高等教育研究提供一种与众不同的认识论和方法论。

Prerequisite Questioning and Dialectical Reflection on the Law of Internal and External Relations in Education

Li Xiaoying

(Institute of Higher Education, Dalian University of Technology, Dalian 116024)

Abstract：The law of internal and external relations of education was put forward by Pan Maoyuan in the early 1980s. The law of educational internal and external relations has three main axiological implications, that is, the law of educational internal and external relations is the core of Pan Maoyuan's theory and thought of higher education. The law of education internal and external relations is the generative element of higher education research of Xiamen University School; The law of education internal and external relations is the source theory of Chinese higher education. 2023 is the 40th anniversary of the institutionalization of higher education in China. It is necessary for us to "re study" the internal and external laws of education, because it is of special and significant significance for the discipline construction of higher education to start again. This paper probes into the "preemptive inquiry" and "dialectical reflection" of the law of internal and external relations of education. The preliminary inquiry is whether the law of education exists and whether the law of education can be created, reformed and changed. Dialectical reflection is how to understand the fourfold expression of the law of internal and external relations of education, whether the theory of the law of internal and external relations of education is scientific, whether the theoretical basis of the law of internal and external relations of education is reliable and what should be the focus of the communication and dialogue about the law of internal and external relations of education.

Key words：higher education; the law of internal and external relations of education; preliminary inquiry; reflection on dialectics

高等教育学："交叉学科"门下的一级学科

——中国高等教育学学科身份重塑的一种可能路径*

陈兴德　张　斌**

（厦门大学高等教育发展研究中心，厦门 361005）

摘　要： 在教育学"一级学科"建设政策环境下，原本作为"二级学科"的高等教育学面临更为严峻的生存危机。为此，学者提出将"高等教育学"与"普通教育学"并列为"教育"学科门类下一级学科的倡议。然而，这一观点不仅在逻辑上尚待完善，实践上更面临重重障碍，短期内难有实质突破。2020 年 12 月，国家学科目录新增"交叉学科"门类，这或将为高等教育学学科身份重塑提供新的选择。将高等教育学作为"交叉学科"门类下的一级学科，不仅凸显了高等教育学交叉学科的内在品性，符合高等教育学学科发展的历史逻辑，更为高等教育学突破学科壁垒，释放学科活力提供了新的方向。遵循"交叉学科"门下一级学科的定位，高等教育学学科需要进一步实现研究转向、人才培养、组织机构和保障机制的交叉融合，以"再学科化"推进高等教育学学科建设。

关键词： 高等教育学；一级学科；交叉学科

在中国，高等教育学发展过程中存在一种悖论性的现象——一方面，高等教育学就像南方随处可见的大榕树，根深繁茂，生机勃勃。作为一个庞大的"学科群"，它拥有高等教育基本理论研究、高等教育管理学、高等教育经济学、高等教育社会学等系列的学科分支，说它是一门"显学"确实实至名归。[①] 另一方面，说

　* 基金项目：福建省社会科学规划项目"学科治理"与"新型研究性大学"关系研究（FJ2021B206）。

　** 作者简介：陈兴德（1974—　 ），厦门大学高等教育发展研究中心副教授，教育理论研究所所长，硕士研究生导师，从事高等教育基本理论研究；张斌（1989—　 ），厦门大学教育研究院 2020 级博士生，从事高等教育基本理论研究。

　① 刘海峰.改革开放 40 年中国教育学科新进展：高等教育学卷［M］.北京：高等教育出版社，2021：1.

它是一门"险学"或许同样成立。"极少有学科像高等教育学一样从建立开始就一路危机四伏,也极少有学科像高等教育学这样即使获得繁荣发展却依然难以摆脱'被终结'之虞。"①当前,高等教育学学科危机与"一级学科"为中心的学科设置、评价政策直接相关。为了化解危机,建设"一级学科"成为高等教育学人共有的期盼!考察此问题的相关讨论,可发现目前对于建设高等教育学一级学科的"必要性"论述相对充分,但就其"可能性"的分析,特别是对于如何合理重构"教育"学科门类的论述尚难令人信服。2020 年 12 月,国务院学位委员会、教育部印发《关于设置"交叉学科"门类、"集成电路科学与工程"和"国家安全学"一级学科的通知》,决定设置第 14 个"交叉学科"门类。②"交叉学科"的增设,反映了国家对于促进学科交叉融合,进一步提升对科技创新重大突破和重大理论创新的支撑能力的关切。对于高等教育学人来说,这是否为建设高等教育学一级学科提供了新的可能?与此相关的是,我们需要回答——高等教育学是否内在地具有"交叉学科"属性?是否符合"交叉学科"门类的设置的社会逻辑?此外,作为"交叉学科"下的一级学科,高等教育学如何实现"再学科化"?凡此种种,都是值得深入探讨的问题。

一、一级学科建设:高等教育学"再学科化"的关键之举

早在 1957 年,潘懋元先生就敏锐地洞察到应逐步建立一门"高等专业教育学"或"高等学校教育学"的教育科学。但由于当时百废待兴,许多人对于高等教育研究重要性认识不足。此外,受苏联凯洛夫教育学的影响,教育学界对于设立"高等教育学"也难有积极的回应。直到十一届三中全会以后,"拨乱反正"迎来了科学的春天,高等教育也在春风中焕发生机。在此背景下,潘懋元先生创立"高等教育学"的倡议获得了广泛支持③④。此后,一个被称作中国高等教育研究

---

① 李均.作为一级学科的高等教育学:基于学科政策与学科历史的视角[J].高等教育研究,2011(11):32-37.

② 国务院学位委员会、教育部.关于设置"交叉学科"门类、"集成电路科学与工程"和"国家安全学"一级学科的通知[EB/OL].[2021-01-14].http://www.gov.cn/xinwen/2021-01/14/content_5579799.htm.

③ 潘懋元.开展高等教育理论的研究[N].光明日报,1978-12-07.

④ 潘懋元.必须开展高等教育的理论研究:建立高等教育学科刍议[J].厦门大学学报(哲学社会科学版),1978(4):1-9.

"春天"的时代真正到来了！中国高等教育学的创立与老一辈教育家以战略眼光洞悉先机,借着"思想解放"东风顺势而为分不开,更重要的是,新时期高等教育改革实践更为中国高等教育学的创生提供了成长的土壤,创造了现实条件！40年间,高等教育学应中国改革春风而"生",随高等教育事业发展而"长"。在此过程中,高等教育学与高等教育实践之间是一种"相互成全"的关系——从中央到地方,从政府到高校,人们热切期盼高等教育理论工作者能提供建设性的改革方案,能够为实践指明方向,指引中国高等教育科学发展。高等教育理论工作者奋发有为,为新时期中国高等教育思想、理论、制度、实践提供真知灼见,促进了高等教育事业繁荣发展。

高等教育学"理论"与"实践"之间的关系,不仅塑造了中国高等教育学强调"应用"的学科气质,同时也表明"社会需求"是高等教育学发展的主导逻辑。来自政府、社会的外部需求为高等教育学发展平添动力,鞭策着高等教育学科走向成熟,但在某种情况下,也为高等教育学学科危机埋下了伏笔——高等教育学科存在的合法性,虽然与其学科理论成熟度有关,但更容易受到外部需求的影响。这种需求尤其通过高校学科专业目录淋漓尽致地体现出来。由本科专业目录、研究生专业目录所构成的"国家学科制度"是国家进行学科、专业管理的有效手段,反映了国家对于学科建设的基本思路。它引导着高校知识生产、人才培养、社会服务的基本方向,同时也设立了学科准入的"门槛"。[①] 进入上述目录是一门学科获得合法性,走向制度化的重要凭证。历史不可以假设,但我们可以合理推断:假如高等教育学一直没有被纳入国家学科专业目录当中,这一研究领域或因一批不离不弃的追随者而得以在"体制外"存续,但它将注定如一株得不到足够阳光、雨露的幼苗渐渐枯萎;又或许它仅仅作为一个"不受待见"的研究方向,寄居于其他学科的屋檐之下惨淡经营！这不正是今天俄罗斯等一些国家高等教育研究作为一个研究领域踽踽前行的真实写照吗？从这个意义上说,建立高等教育学科是中国高等教育学人的一个智慧抉择,同时也是基于中国国情的理性考量。[②] 正是因为高等教育学获得正式的学科身份,才使得高等教育学获得了"赖以存在的稳固基础和得到持续发展的保障"[③]。尤其是在"211 工程""985 工程"

---

① 吴国盛.学科制度建设笔谈[J].中国社会科学,2002(3):74-91.

② 陈兴德.高等教育学的"学科""领域"之争:基于知识社会学视角的考察[J].高等教育研究,2018(9):46-54.

③ 陈学飞.中国高等教育研究 50 年(1949—1999)[M].北京:教育科学出版社,1999:4.

优势学科创新平台建设,特别是国家重点学科评选、建设过程中,高等教育学均获得发展所必需的政策环境和资源投入。回过头来看,如果 20 世纪 80 年代中国高等教育学没有走"制度化"的发展道路,就不可能有今天中国高等教育研究的滚滚春潮!

值得注意的是,国家学科制度的指令性、强制性预示着高等教育学面对一种相对脆弱的政策环境。特别是 2011 年国务院学位委员会、教育部颁发《学位授予和人才培养学科目录》,目录只规定了学科门类和一级学科,二级学科设置则由各高校和科研院校所自行确定。与之相应的是,2016 年启动的第四轮学科评估按照"一级学科"来进行。对于一些以高等教育学为主干学科、体量规模比较小的综合性大学教育学院而言,上述调整使得高等教育学赖以维系的政策环境发生重大变化。由此导致部分大学基于学校、学科排名的考虑而裁撤教育学院或高等教育学学位点现象的发生。2016 年 8 月 29 日,中国高教学会在厦门大学召开会议,讨论当前我国高等教育学学科建设的形势和任务,瞿振元会长用"七分紧迫、三分悲壮"概括当前高等教育学所面临的处境。① 为此,不少学者提出应积极推动高等教育学"再学科化",并将建设高等教育学一级学科作为"再学科化"的关键举措。早在 2010 年,张应强、郭卉就发出"高等教育学需发展成为独立于教育学的一级学科"的呼吁。② 张应强认为,高等教育学发展经历两个阶段:在第一阶段,高等教育学获得正式的学科身份,实现了学科的合法化,创造了来之不易的繁荣局面;在第二阶段,高等教育学要走出"经典学科"藩篱,要按照"现代学科"要求实现"再学科化",完成高等教育学的"二次革命"。③ "再学科化"对高等教育学的发展具有深远的意义——"理论整合"可有效地解决高等教育学的知识性危机("内忧"),而"建成一级学科"则可快捷地解决高等教育学的制度性危机("外患")。两个方面相辅相成,互为条件,缺一不可。④

在高等教育学"再学科化"问题上,如何建设"'独立于教育学'的高等教育学一级学科"是问题的关键,也是分歧的焦点。论者认为,所谓高等教育学独立于"教育学",并非指高等教育学脱离"教育"学门,而是区分高等教育学与"普通教

---

① 张应强.当前我国高等教育学的危机与应对[J].高等教育研究,2017(1):8-11.

② 张应强,郭卉.论高等教育学的学科定位[J].教育研究,2010(1):39-43.

③ 张应强.高等教育学的学科范式冲突与超越之路:兼谈高等教育学的再学科化问题[J].教育研究,2014(12):13-23.

④ 李均.也论高等教育学与教育学的"因缘"[J].高等教育研究,2016(4):50-57.

育学"。为此，有人主张在"教育"学科门类之下设立"普通教育学""高等教育学""心理学""体育学"四个一级学科。至于教育学一级学科原有的二级学科（如教育学原理、课程与教学论、比较教育、教育史、职业教育等）归于"普通教育学"一级学科是否合理，学者并没有充分说明。但是，这种表述上的模糊使得建设高等教育学一级学科陷入理论的"瓶颈"。且不论传统上从事"教育学"的学者是否接受自身身份的调整，即使部分从事教育学的学者因为长期从事基础教育研究而认可"普通教育学"的界定，他们当中同样也有不少人同时也从事着高等教育研究。由此引发的逻辑冲突意味着，在现阶段重构"教育学"学科门类，改设一个"大教育学"或"泛教育学"学科门类的条件尚不成熟。这或许可以解释，围绕着"高等教育学一级学科"话题的讨论虽然在2016年掀起过一个小小的高潮，但目前又重归沉寂。

需要强调，要让建设"高等教育学一级学科"命题成立，不仅需要"自圆其说"，更要能"以理服人"。实现这个目标不仅需要凝聚共识，增强高等教育学学科内部的一致性；同时也要争取广泛支持，赢得高等教育学学科外部的理解与认同。依目前情势，将"教育学"一级学科调整为"普通教育学"一级学科，似乎在理论和现实层面都缺乏足够的支撑。如此一来，建设高等教育学一级学科岂不走入了"死胡同"？事实上，就"高等教育学需发展成为独立于教育学的一级学科"这一观点，也许可以做两种解读——重构"教育"学科门类下设一级学科是其中的一种选择；除此以外，将作为二级学科的高等教育学从"教育学"一级学科下剥离出来，以适当的方式"另起炉灶"，或许可以理解为第二种选择！在2016年前后，如果说要为高等教育学寻找一个合适的"居所"，似乎"时"与"势"都不太具备。反之，2020年底国家学科目录新增"交叉学科"门类则为我们重启"高等教育学一级学科"建设提供了新的思路和可能。

二、"交叉学科"门下的一级学科：高等教育学 学科建设的知识与社会逻辑

把高等教育学作为"交叉学科"门下的一级学科，有着较为充分的理据。一方面，高等教育学在其创立、发展过程中就呈现出"交叉学科"的内在品性。另一方面，高等教育问题的复杂性、知识生产模式的变革等现实因素推动着高等教育学走出狭隘的"学科壁垒"。这些因素共同构成了高等教育学一级学科建设的知识与社会逻辑，它推动着高等教育学由"经典学科"向"现代学科"的转型。

(一)高等教育学具有"交叉学科"的内在品性

华勒斯坦认为,二战以后全球社会科学领域涌现的诸多新型学科大多具有"交叉学科""横断学科"的特征。这些学科普遍"鼓励社会科学家交叉地侵入临近的学科领域,并且在此过程中完全忽略每一门社会科学为使本专业成为保留领域而提出的种种合法化依据"。[①] 相较于经济学、管理学、社会学、历史学、人类学等学科,高等教育学具有"内发晚生"的突出特点。无论是在中国高等教育学萌芽的 20 世纪 50 年代,还是其实现学科化的 20 世纪 80 年代,这一时期不仅是知识生产模式急剧变革的时代,同时也是社会科学从学科制度化、封闭化开始走向学科交叉融合的时代。这样一种时代背景无疑赋予了高等教育学"交叉学科"的气质。除此以外,从学科构成基本要素来看,高等教育学"交叉学科"的内在品性至少体现在以下几个方面:

首先,从学科的内涵看,高等教育学具有"交叉学科"的基本特征。一般认为,"交叉学科"指在两种或两种以上单一学科基础上,科学主体凭借对象整合、概念移植、理论渗透和类比推理等方法,对对象世界及其变化进行探测、体认和再现后形成的跨越单一学科性的独立的科学理论体系。[②] 交叉学科也有"狭义"和"广义"之分,前者一般指不同学科之间相互"通约"和相互作用形成的新兴学科,后者则指由这些新兴交叉学科构成的"学科群"或"问题域"。以此为据,高等教育学既可以理解为一个具有交叉学科属性的新兴学科,同时,更是一个以高等教育管理学、高等教育经济学、高等教育社会学、高等教育史、比较高等教育等为分支学科的"学科群"或者"问题域",由于这些分支学科普遍具有交叉学科的性质。因此,说高等教育学是由众多分支学科构成的"交叉学科",无疑具有逻辑的合理性。

其次,从学科研究对象看,高等教育学也具有"交叉学科"的基本特征。高等教育问题往往具有系统性、综合性、复杂性特征。现实生活中的高等教育现象,政府部门出台的高等教育政策,乃至当前热议的大学治理体系与治理能力现代化问题,这些都不是单一学科所能解释的,也不是单一学科所能解决的。譬如,教育学普遍关注"基础教育""普通教育",重点研究青少年身心发展规律,高等教

---

① 华勒斯坦,等.开放社会科学:重建社会科学报告书[M].刘锋,译.北京:生活·读书·新知三联书店,1997:44.

② 炎冰,宋子良."交叉学科"概念新解[J].科学技术与辩证法,1996(4):51-54.

育学则主要关注 18 岁以上青年的专业教育问题。为此,特别强调高等教育学与外部的政治、经济、文化和科技的关联互动。在此过程中,潘懋元先生创造性提出了"教育内外部关系规律",特别是在"教育外部关系规律"问题上,认为高等教育的发展既受到外部系统的"制约",同时又"反作用"于外部系统。这一主动运用"系统论"观点来阐述高等教育发展规律的思想,明确了高等教育与社会"普遍联系"的分析范式,规划了高等教育学的知识谱系,构建了高等教育研究的科学方法论。正因如此,研究高等教育问题如果仅局限于哲学、心理学等视野,就很难掌握它同政治、经济、文化和科技的复杂关系。① 为了研究高等教育与政治、经济、文化等其他社会子系统之间相互关系,高等教育管理学、高等教育经济学、高等教育文化学等一系列交叉学科在高等教育学内部应运而生。可以说在"复杂性"研究滥觞之前,高等教育学就呈现出浓郁的"复杂科学"的学科属性,这也进一步揭示了高等教育学作为"交叉学科"的学科特质。

最后,从研究方法看,高等教育学也具有"交叉学科"的基本特征。伯顿·克拉克认为,"在探索高等教育的复杂现实过程中,求助于若干最有关系的学科和它们所提出与运用的一些认识方法和工具,有很大益处"。② 无独有偶,在首部《高等教育学》中,潘懋元先生不仅提出,"正确认识高等教育学同其他相关学科的关系,掌握并运用相关学科的信息,交流渗透,交互为用,以促进研究工作的深入和发展,是为研究高等教育学的前提条件"。③ 随着《高等教育新论——多学科的研究》和《多学科观点的高等教育研究》两部著作的出版,"高等教育学独特的研究方法可能就是多学科研究方法"这一论断也得到进一步的认可。④ "多学科研究方法"的贡献在于,它对于作为交叉学科的高等教育学研究具有"方法论"意义。它引导人们逐步地走出传统的学科范式,使高等教育学向着一个更符合时代需要的"现代学科"范式方向发展。从这个角度上讲,高等教育学的"初心"乃是要从整体上促成大学各学科的交叉融合,使各学科在大学之中交叉发展,以维护知识的统一性。"多学科研究方法"奠定了高等教育学开放、包容、多元的学科气质,这恐怕正是改革开放以后中国高等教育学迅猛发展的"秘诀"所在。

---

① 潘懋元.多学科观点的高等教育研究[M].上海:上海教育出版社,2001:3-4.

② 伯顿·克拉克.高等教育新论:多学科的研究[M].王承绪,徐辉,郑继伟,等译.杭州:浙江教育出版社,1988:2.

③ 潘懋元.高等教育学:下[M].北京:人民教育出版社,1985:290-294.

④ 潘懋元.多学科观点的高等教育研究[M].上海:上海教育出版社,2001:3-4.

（二）高等教育学走向"交叉学科"的社会逻辑

首先，走向学科交叉是时代发展和科技进步的必然要求。回顾学科史，学科发展先后经历了统一——分化—再统一的过程。如果说 19 世纪至 20 世纪上半期是"学科分化"时期，那么 20 世纪后半叶至今则是学科"交叉融合"的时代。"在对传统社会科学学科结构的内在质疑下，人们开始在知识生产与再生产的实践中形成了一种新时尚，即采用学科交叉的研究策略以突破那种制度化了的学科间的障碍。"①在这样一个英国学者普莱斯所称的"大科学"时代，不同学科相互交叉、彼此渗透、高度融合，学科整体化、系统化成为学科发展的关键特征。在此背景下，交叉学科、横断学科等"现代学科"纷纷出现。这些"现代学科"不仅适应了经济社会发展、科技进步引发的"复杂性"问题的挑战，同时也是各国创新驱动发展，增强核心竞争力的必然要求。高等教育学作为一门在交叉学科时代产生的"现代应用型"学科，尽管在一开始"脱胎"于普通教育学框架体系，但是在后续发展中已逐渐区别、超越了普通教育学研究范畴，它日益成为现代"知识社会之学""高等教育社会之学""大学之学"，②它与社会政治、经济、文化等的联系愈发紧密。在这个意义上，高等教育学只有顺应时代发展和学科潮流，走向更加综合、开放的交叉学科，才能使自身发展更具生机与活力。

其次，高等教育学走向学科交叉顺应了"知识生产模式"变革的趋势。知识是学科的"内核"，学科是知识的"载体"，学科发展需要从知识生产和应用的方式进行探讨。瞿振元认为，从知识生产的视角看，知识生产先后经过了"知识简单再生产""知识扩大再生产""知识生产外延"三个过程。③英国学者吉本斯将知识生产模式划分为模式 1 和模式 2。知识生产的模式 1 主要是指以学科结构组织的基础研究，知识生产主要是创新本学科知识理论体系，创建新的分支学科，知识生产呈现纵向分化，但主要还是在单一学科内发展和繁殖。随着知识生产的外延不断扩展，就进入了知识生产模式 2 阶段，知识生产模式 2 是现代型知识生产方式，其特点是面向现实社会问题，具有跨学科性、异质性和多样性以及社会

---

① 邓正来.否思社会科学：学科的迷思[J].河北经贸大学学报，1999(3)：22-29.
② 李均.也论高等教育学与教育学的"因缘"[J].高等教育研究，2016(4)：50-57.
③ 瞿振元.知识生产视角下的学科建设[J].中国高教研究，2019(9)：7-11.

责任性等特征。① 这一阶段,知识的社会责任不断显现,知识以解决现实问题为目标,基于现实问题的整体性、复杂性和"知识统一体"的信念,单一学科已经不能很好地解决现实问题,不同学科知识开始进行借鉴、交叉和融合,交叉学科开始形成。此后,随着知识生产和应用越来越复杂化,"三螺旋"、知识生产"模式3"和"四螺旋"等概念不断被提出,也凸显了知识生产的跨学科性和交叉性正在成为必然趋势。高等教育学作为一门新兴的应用型学科,主要是解决高等教育中的实践问题,这些问题大多具有整体性、复杂性、系统性和跨界性等特征。单一学科知识无法很好地解决高等教育问题,需要进行学科交叉来解决。可以说,正是知识生产模式转型推动着高等教育学走向学科交叉。

最后,高等教育学科走向学科交叉反映了创新人才培养的新要求。学科建设除了科学研究、社会服务等职能外,最根本的是人才培养职能。高等教育学走向学科交叉是创新学科人才培养的必然要求。纵观高等教育学的学科发展历史可以发现,在学科成立初期,第一代高等教育学人大多来自不同学科,他们主要是解决高等教育实践中的现实问题。但是随着高等教育学不断发展,高等教育学人才培养逐步开始走向同质化、单一化,高等教育学的"学科壁垒"开始显现,学科建制下培养的高等教育学传承人大多缺少多学科知识背景,这也造成了高等教育研究的局限性。

从世界研究生教育培养趋势来看,大力推进和拓展学科交叉融合,培养具有复合知识和能力的拔尖创新人才正在成为世界一流大学人才培养的重要方式,也是我国推进研究生教育创新、提高培养质量的重要举措。实践也证明,交叉学科的创新特性更有利于研究生创新意识、创新思维和创新能力的培养,使高等学校培养出更多的高层次人才。从这个意义上说,高等教育学走向学科交叉无疑可为高等教育学人才培养突破现有学科束缚提供新的思路。

三、作为交叉学科的高等教育学:进一步推进
高等教育学"再学科化"

对于高等教育学学科建设而言,早日成为"交叉学科"门类下的一级学科,无疑值得期待。但是,由于学科政策调整的复杂性和长期性,高等教育学成为"交

---

① 迈克尔·吉本斯,卡米耶·利摩日,黑尔佳·诺沃提尼,等.知识生产的新模式:当代社会科学与研究的动力学[M].陈洪捷,沈文钦,等译.北京:北京大学出版社,2011:1

叉学科"门下的一级学科显然"道阻且长"。这是由于国家基于经济社会发展的战略考虑,优先将"集成电路""国家安全"纳入"交叉学科"门下一级学科的行列。此外,时下热议的人工智能、应急管理、量子科学与技术、行星科学等是否也会纳入"交叉学科",这都有待观察。相对而言,社会科学领域部分具有交叉属性的学科"是否""何时"纳入"交叉学科",尚待凝聚共识。但是,就像当年高等教育学"出人意料"地获得正式学科身份一样,高等教育学纳入"交叉学科"也未尝没有可能! 关键在于,高等教育学人不能"守株待兔",除了为此"鼓"与"呼",当务之急更应持续推进高等教育学"学科内部建设",以"再学科化"持续地推进高等教育学学科的转型。

(一)在促进学科交叉过程中,提升高等教育研究的学术品质

为了促进高等教育学学科走向更加开放、更加融合,有必要加强高等教育研究的交叉转向。作为交叉学科的高等教育学,作为现代"知识社会之学""大学之学",它的使命和价值就在于推进大学内外不同学科之间、不同学科组织之间的交叉整合,通过对话与合作研究,使大学成为一个有机的学术共同体,以实现大学学术繁荣和培养卓越人才的使命,这既是高等教育学的内在本质,也是高等教育学的特殊价值。为此,高等教育学要实现各学科和学术的有机整合,要以理解各学科的发展特性为前提,寻求各学科内在价值的统一性,并积极促进研究方法的有效借鉴和整合,进而完成大学承载的知识传播和探究的使命。[①]

此外,我们也应当明确学科交叉更多是一种手段而不是目的。高等教育学实现学科交叉,其最终的目标仍在于提升高等教育科学研究的学术品质,通过高品质的学术著作、研究报告实现学科建设的初衷,更好地回应社会需求,发挥好高等教育研究的"有用性",即发挥高等教育研究在解决重大现实问题和作为政策智库的作用。正如杜玉波会长所指出,当前,我国高等教育研究成果要积极满足各级政府的高等教育决策需要,要针对高校发展过程中的现实困境提出解决方案,要主动为师生发展所面临的现实问题排忧解难。[②] 同时,进一步明晰高等教育研究的重点,不断提高高等教育研究者发现、筛选、研究和解决问题的能力。要进一步明确高等教育研究的重点领域,摸清高等教育现代化、普及化过程中的"重点""难点""痛点",真正围绕这些问题提出富有建设性的解决思路和方案,不

---

① 王洪才,赵祥辉.论高等教育学的整合品性[J].高等教育研究,2018,39(8):54-65.

② 杜玉波.新时代中国高等教育研究的责任与担当[J].中国高教研究,2018(5):1-3.

断提高高等教育研究的适切性。此外,当前我国高等教育学大多论文还停留在主观思辨和应然性的畅想阶段。[1] 这导致研究结论的信效度不高,也难以深刻揭示高等教育发展和运行的基本规律,对改革和发展实践的指导性不强。[2] 为此,在我国高等教育学研究培养过程中,要积极倡导高等教育问题的实证研究,在实证研究过程中实现学科交叉,促进理论与实践的融合。

(二)在促进学科交叉中,提高高等教育学人才培养质量

要实现高等教育学研究的交叉转向,需要我们站在"现代学科"前沿,培养更多具有交叉视野的高等教育学研究者,这既是高等教育学创新性人才培养的时代要求,也是实现高等教育学代际传承、后继有人的学科使命。当前,随着高等教育学"制度化"发展,高等教育学人才培养的学科单一性问题不断涌现,如何培养学科传承人,培养何种学科传承人成为需要我们深入思考的问题。打破学科壁垒,以更加灵活的机制开展"交叉学科"的人才培养正在成为破解当前我国高等教育学研究生人才培养困境的有效突破口。具体来讲,一是需要我们夯实高等教育学学科交叉的人才培养理念,坚持以学生发展为中心,培养具有批判性和独立思考的复合型、创新型人才。形成良好的跨学科文化氛围,提供更多不同学科学生交流和思想碰撞的平台和场所。二是要更加注重通识教育与专业教育协同发展,开设更多高等教育学交叉学科课程,开放第二学位、选修课程等,鼓励高等教育学研究生跨院系选修其他学科课程,鼓励教师跨学院、跨专业、跨学科授课,使师生从行动上践行交叉学科理念等。[3] 使学生在熟练掌握高等教育学科知识过程中更加系统、更加丰富地学习其他学科知识,丰富自己的学科视野。正如侯怀银教授所讲,高等教育学专业学生在学好本专业课程的基础上要熟练掌握一门其他学科专业,做到融会贯通,学科互涉,培养交叉学科人才。三是要探索以高等教育实践问题为导向的"项目式"学习方式。高等教育实践问题往往具有综合性、复杂性和系统性,同时关涉多个学科、多种视角,开展"项目式"教学和学习不仅能够激发学生研究兴趣,同时能更好地整合不同学科视角,促进学生发散

① 袁振国.实证研究是教育学走向科学的必要途径[J].华东师范大学学报(教育科学版),2017(3):3-17.

② 钟秉林,赵应生,洪煜.我国高等教育研究的现状分析与未来展望:基于近三年教育类核心期刊论文量化分析的研究[J].教育研究,2009(7):14-21.

③ 魏玉梅.美国教育学博士研究生培养的"跨学科"特色及其启示:以哈佛大学教育哲学博士(Ph.D.)培养项目为例[J].研究生教育研究,2016(3):43-57.

性思维和学科迁移能力培养。

(三)在促进学科交叉中,实现高等教育学组织机构的转型

由于历史和制度惯性思维,当前高校不可避免地存在着"学科本位""利益本位""权力本位"的倾向,要真正打破学科固有藩篱,实现学科交叉、学科互涉和资源整合、知识共享、信息互动并非易事,这需要高等教育管理者极大的智慧和勇气。当前背景下,可以先以创建高等教育学交叉学科协同创新中心为切入点,形成学科交叉创新平台,吸纳不同学科背景研究人员就高等教育中某些研究领域或实践问题展开整合研究,系统性解决高等教育实践问题。有条件的也可以积极探索"轴心翻转"。所谓"轴心翻转"是斯坦福大学探索不再按照学科专业对学生进行划分,而是打破学科堡垒,按照"研究项目"和"研究领域"对学生进行交叉学科的培养模式。[①] 这一改革极大地调动学生的学习积极性,为培养复合型、创新型高等教育学科人才进行了富有新意的探索。

改革开放以来,厦门大学、华中科技大学、清华大学、北京大学、华东师范大学等综合性大学"因校制宜""因学制宜""因势利导"创立了一批富有特色高等教育研究机构,在科学研究、人才培养和社会服务方面形成了自己的范式和传统,对我国高等教育学科发展和政府决策咨询发挥了关键作用。这些高等教育研究机构所依托的学校,基本为办学历史悠久、学科门类齐全、学术底蕴深厚的研究型大学。从这个意义上说,这些学校的高等教育研究结构开展跨学科、交叉学科研究、人才培养具有无可比拟的优势。在"211 工程""985 计划""双一流"建设过程中,这些学校开展了办学体制机制改革,发挥了我国高等教育改革"试验田"的功能。在当前新形势下,综合性大学高等教育研究机构普遍面临着身份和角色转型的时代使命,如何进一步凝聚学校内外部资源,广泛开展跨学科、交叉学科研究和人才培养,上述机构应该说大有提升的空间。

(四)在促进学科交叉中,完善高等教育学保障机制建设

高等教育学走向学科交叉还面临着交叉学科师资队伍建设、交叉学科课程体系开发、交叉学科评价机制改革等相关配套保障机制建设。然而,当前高等教育学的学科建设存在交叉学科师资队伍匮乏、单一学科的课程体系和评价机制

---

① 祝智庭,管珏琪,丁振月.未来学校已来:国际基础教育创新变革透视[J].中国教育学刊,2018(9):57-67.

等现实问题。因此,要实现高等教育学的学科交叉转向,就需要我们努力破解体制机制障碍。具体来讲,一是要加强高等教育学交叉型、复合型导师队伍建设,建立健全复合型导师制度和完善多领域、跨学科、产学研相结合的研究生培养制度。探索不同学科领域的导师联合指导研究生的体制机制建设。在培养过程中,鼓励研究生参与多个导师的科研项目和研究团队,创造条件为学生提供多样化的学习体验,开辟多种培养渠道,搭建多种培养平台,不断拓展学生的学术视野和丰富学生的实践经验。① 二是要加强高等教育学"整合"课程体系建设。整合课程的核心是把知识看成一个整体,从交叉学科的角度来组建课程。如通过相关形式、融合形式、广域形式和主题形式等形式实现课程整合。另外,还可以增加学生跨学院选课比重,根据课程需要聘请跨专业教师上课等方式构建促进课程交叉融合。三是要实施多元化高等教育学评价机制,改革完善项目资助机制,鼓励教师展开交叉学科课题申报,完善学生交叉学科论文评审制度,为高等教育学学科交叉融合和创新发展提供了良好的支撑。此外,促进高等教育学走向学科交叉需要一系列配套政策,在人事制度、科研服务、资源配置、校企合作等方面深化配套改革,才能促进高等教育学学科交叉的深度融合和发展。

四、结语

历史将证明,"交叉学科"的设立将成为我国学科建设史上一个具有"里程碑"式的事件,这一举措不仅扩大了"学科门类"的数量,而且意味着学科管理部门对于"学科"的认识更趋于弹性、灵活,强调以更加开放、更加积极的姿态顺应学科变革趋势,满足经济社会发展战略需求。此外,"交叉学科"的设立也可看作是对长期以来高等教育学"学科""领域"之争的一种总结。正如刘海峰教授所指出,"将高等教育学认定为学科,并不排斥它同时也是一个开放的研究领域,或者说是一个适用多学科和跨学科研究的领域"。② 从这个意义上说,"学科"与"领域"的双重身份认同不仅与改革开放以来中国高等教育学发展轨迹相吻合,同时也说明,一手坚持高等教育学学科理论研究,一手致力于高等教育实践问题研究,坚持"问题研究+学科理论"的"双轮驱动"是中国特色高等教育学学科建设

---

① 吕旭峰,范惠明,吴伟.跨学科研究生培养复合导师制度的构想[J].教育发展研究,2015,35(11):33-39.

② 刘海峰.高等教育学:在学科与领域之间[J].高等教育研究,2009(11):45-50.

的正确之路、康庄之路。^①

Higher Education：A First-level Discipline Under the "Interdisciplinary"

——A Possible Path to Remold the Disciplinary Identity of Chinese Higher Education

Chen Xingde，Zhang Bin

(Center for Higher Education Development of Xiamen University, Xiamen 361005)

Abstract：Under the policy environment of the construction of "first-level discipline" in pedagogy, the survival crisis of higher education, which was originally regarded as "secondary-level discipline", is more severe. Therefore, scholars put forward the initiative of taking "higher education" as a first-level discipline parallel to "general education". However, this view not only needs to be perfected logically, but also faces formidable obstacles in practice, so it is difficult to make a substantial breakthrough in the short term. At the end of 2020, the national catalogue of disciplines added "interdisciplinary" categories, which may provide a new option for higher education to reconstruct its disciplinary identity. Regarding higher education as a first-level discipline under the category of "cross-discipline" not only highlights the inherent character of interdisciplinary higher education, conforms to the historical logic of the development of higher education discipline, but also provides a new direction for higher education to break through discipline barriers and release discipline vitality. Following the orientation of the first-level discipline under the "interdisciplinary discipline", the discipline of higher education needs to further realize the cross integration of research turn, talent training, organization and supporting system, so as to promote the discipline construction of higher education with "re-disciplinary"

Key words：higher education; first-level discipline; interdisciplinary discipline

---

① 陈兴德.改革开放以来我国高等教育研究的经验、问题与趋势[J].高等教育研究,2019(5)：49-56.

基于校训比较的涉农高校办学理念优化研究[*]

黄　敏[1,2][**]

(1.厦门大学教育研究院,厦门 361005;2.福建农林大学,福州 350002)

摘　要: 大学校训是折射大学办学理念的重要符号表征。涉农高校校训在外部需要、区域地理,及内部办学历史、办学层次和发展定位等共同影响下,与办学理念一同发展。通过中外85所涉农高校校训的比较,全面透视涉农高校办学理念内在意蕴,深探办学理念与校训的协同共进与分庭而为。面对新农科建设,涉农高校办学理念应与校训同心协力,寻求理想与现实的统一节点,抓住新农科建设机遇,用开放合作思维加强国际化办学,以文化内核促涉农高校内涵式发展,最终实现人类社会发展的终极目标。

关键词: 涉农高校;办学理念;校训

2019年6月,教育部发布《安吉共识——中国新农科建设宣言》;9月,实施"北大仓行动",12月发出"北京指南",全面实施新农科建设,中国高等农林教育迎来了发展的新春天。面对新农科建设,涉农高校应何为? 反思并优化办学理念,引领中国高等农林教育再出发,这是时代赋予涉农高校的新命题。本文首先推本溯源探讨大学办学理念与大学校训的关系;其次,以国内为纵、国外为横进行纵横比较分析中外涉农高校校训所折射出的大学办学理念;最后,以发展现状为基,深探大学办学理念与大学校训的协同与分化,并审思新农科背景下我国涉农高校办学理念优化的现代走向。

　　* 基金项目:福建省社科规划社科研究基地重大项目"中国共产党百年奋斗历程的宝贵经验——党的教育强国思想演进研究"(FJ2020JDZ031);福建省中青年教师教育科研项目"新农科下涉农高校战略研究与实践"(JAS20087)。

　　** 作者简介:黄敏(1985—　),厦门大学教育研究院博士研究生,福建农林大学助理研究员,研究方向为比较高等教育、中外合作办学。

一、大学办学理念与大学校训的关系

（一）诠释两个概念

大学理念根源于西方，形成于欧洲中世纪大学，经洪堡、纽曼、范·海斯、雅斯贝尔斯、弗莱克斯纳、赫钦斯、阿什比、科尔等人传承发展，指引着大学改革创新。中国大学理念是受西方大学理念影响，真正意义的大学理念形成于清末。在蔡元培、梅贻琦、张伯苓等实践下，把中国传统文化与西方大学理念有机地融合在一起，形成了具有中国特色的大学精神。新中国成立70多年来，中国大学理念不断发展演变，大学从象牙之塔成为社会服务站并逐步转为社会发展的动力站，大学理念从经典的"学术自由""大学自治""教授治校""教授与科研相统一"发展为经典理念与"育才兴国""可持续发展""面向社会""国际化"等现代理念相结合，并交相辉映。因此，大学理念是大众对大学精神理想追求和理性认识的产物，随时代、社会及高等教育发展需要而不断发展，"是一个上位性、综合性的高等教育哲学概念"[①]。对于大学办学理念，潘懋元教授认为："办学者在一般性的大学理念基础上，树立自己的办学理念，也就是对这所大学的理性认识与理想追求，并使之成为全体师生的共同认识与共同追求。"[②]

何谓大学校训？舒新城等释为："学校为训育上之便利，选若干德目制成匾额，悬之校中公见之地，是为校训，其目的在使个人随时注意而实践之。"[③]顾明远认为："校训，是学校文化建设的重要内容，它凝聚了学校的办学宗旨、办学理念，是从校风、学风的精神中提炼出来的。"[④]可见，大学校训为一所大学师生的共同行为准则，是传统文化与大学精神外化的具体体现，一定程度折射出大学的办学理念，属于符号表征。作为大学办学理念的外化产物，西欧中世纪大学创办之初并未明确校训，西方最早使用校训的是牛津大学和剑桥大学，分别在15世纪初和16世纪末设计并启用了各自校标，此被认为是西方最早的大学校训。现代意义的中国大学校训始于东吴大学，其后李瑞清在两江师范学堂提出了具有中国特

---

① 潘懋元.多学科观点的高等教育研究[M].上海：上海教育出版社,2001:11.

② 韩延明.大学理念论纲[M].北京：人民教育出版社,2003:2-3.

③ 舒新城,等.辞海：上册[M].上海：中华书局,1936:1493.

④ 顾明远.校训关键在实践[N].光明日报,2005-06-29.

色的校训。100多年来,中国大学校训与大学办学理念一同发展,在建设教育强国的前进步伐中焕发出新的生命活力。

(二)厘清二者关系

首先,要先认清大学理念与大学办学理念。一是二者的区别。潘懋元教授指出:"作为理论探析的大学理念是一般的,而作为指导实践的办学理念则是特殊的。"①可见,大学理念与大学办学理念不能混为一谈,前者是人们对大学理念的一般性认识,具有理论意义;后者是办学者对各大学办学的理性认识与理想追求,具有实践意义。二是二者的统一。大学理念对大学办学理念有指导性的纲领作用,而各高校的大学办学理念又共同汇聚形成了普遍意义上的大学理念,大学理念与大学办学理念是共性与个性、一般性与特殊性的关系,二者形成了不可分割的统一体。

其次,大学办学理念与大学校训。大学校训是实践的,对同属实践层面的大学办学理念有密切的联系。一方面,大学校训对大学办学理念有承启之功。大学校训是体现大学理念的重要载体,将大学理念外化于形,内化于师生心中,并对大学办学理念具有传承和发展的作用。正如潘懋元教授所言,"校训虽不等同于办学理念,但在一定程度上反映了办学理念"②。另一方面,大学办学理念对大学校训有革新之效。大学办学理念属于哲学范畴,但受教育内外部关系规律制约而不断演变发展,实质是理想与现实、应然和实然的统一。因而,大学办学理念又是实践着的,这种实践性对其外化的大学校训具有革新的作用。

二、中外涉农高校校训之比较

中外涉农高校是世界高等教育的重要组成部分,其办学理念具有特殊意义。为深入透视中外涉农高校的办学理念,此选取国内外85所涉农高校校训进行比较分析,其中国内涉农高校42所(公办本科高校,不含独立学院)、国外涉农高校43所(2019—2021年QS农林学科排名前50名),以期对我国高等农林教育发展有所裨益。

---

① 韩延明.大学理念论纲[M].北京:人民教育出版社,2003:2.
② 韩延明.大学理念论纲[M].北京:人民教育出版社,2003:3.

(一)共同点:深含六重意蕴

为全面反映中外涉农高校办学理念,按求是、求诚、求公三个层面将办学理念分为追求真理、追求知识、崇德修身、追求自由、教化人民和服务社会六重意蕴(如图1),对大学校训的表层意义所折射的大学办学理念深层含义进行归类分析。

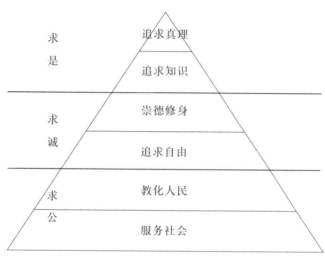

图1　大学办学理念的六重意蕴

1.求是。体现对真理和知识的无限追求。一是求真。四川农业大学校训中含"追求真理",浙江农林大学校训中提到"求真";首尔国立大学校训为"真理是我的光明",宾州州立大学公园分校校训为"真理与美德"。二是求知。加州大学戴维斯分校校训为"愿知识之光普照大地",密歇根州立大学校训为"创新知识,改变人生",西澳大学校训是"求知,求索";东北农业大学校训中提及"博学笃行",天津农学院校训中提及"敏学切问"。

2.求诚。一是重视道德修养和人格完善,国内高校有29所,国外有8所都涵盖(如表1)。在校训关键字统计时,中外共有18所高校校训中都含有"德"。东北农大、福建农大、河南农大、新疆农大、吉林农大、广东海洋大学校训中都提及"明德",山东农业工程学院、北京农学院、吉林农业科技学院、云南农大、青岛农大校训中都提及"厚德"。佛罗里达大学校训为"国家的繁荣取决于其公民的道德"。二是追求自由。俄勒冈州立大学校训为"让自由之光照耀世界",马萨诸塞大学阿默斯特分校校训为"我们用刀剑寻求和平,但和平只在自由之下"。

3.求公。一是为社会育得英才。国内有 8 所、国外有 13 所提及育才。中国农业大学校训提到"育天下之英才",北京林业大学、南京林业大学、西南林业大学、中南林业科技大学都提到要"树木树人"。巴黎高科农业学院校训提及"培育",德州农工大学校训提到要"培养品德高尚的领导者,服务大众"。二是为农业、自然及人类社会服务。中国农业大学提到"解民生之多艰",仲恺农业工程学院提到要"扶助农工"。瓦赫宁根大学校训为"为了生活质量",普度大学西拉法叶分校校训为"教育,研究,服务"。

表 1　中外涉农高校校训蕴含的大学办学理念意蕴比较

大学办学理念的六重意蕴	求是		求诚		求公	
	追求真理	追求知识	崇德修身	追求自由	教化人民	服务社会
国内提及校数	16	23	29	0	8	28
国外提及校数	12	13	8	2	13	16

资料来源:中外涉农高校校训通过各涉农高校官网查询而得。

(二)不同点:产生方式和表现形式的差异

1.中华传统文化影响与各具特色的产生方式。从中外涉农高校校训产生情况来看,中国涉农高校校训多引经据典,如引自《论语·雍也》《礼记·中庸》《大学》《道德经》《汉书·河间献王传》《颜氏家训·勉学》《周易》《管子·权修》《诫子书》《庄子·秋水篇》《离骚》等,受中华传统文化影响至深。国外涉农高校校训或由创办者确立,如康奈尔大学校训(让任何人都能在这里学到想学的科目)源于爱兹拉·康奈尔写给首任校长的一封信;或带浓厚宗教信仰,如威斯康星大学麦迪逊分校校训(上帝是引领人们走出黑暗和蒙昧的光明之神);或源自神话和诗人诗作,如哥本哈根大学校训(目之所及,天光妙契)。

2.固定格式与不拘一格的表现形式。中国涉农高校校训表达多以词组和短语组成。42 所高校的校训含"学"有 16 所、"德"15 所、"新"11 所、"勤奋"7 所、"自强"和"团结"各 4 所;校训的格式也较固定(如图2),二言八字高校有 22 所(如华中农业大学校训:勤读力耕,立己达人),四言八字有 10 所(如湖南农业大学校训:朴诚 奋勉 求实 创新),四言四字有 3 所(如西北农林科技大学校训:诚 朴 勇毅),三言十二字(如山西农业大学校训:治学严谨,扎根基层,开拓创新)和一言四字(如山东农业大学校训:登高必自)各 2 所;二言十二字(如中国农业大学校训:解民生之多艰,育天下之英才)、二言九字(如信阳农林学院校训:向立高远,学问做精细)和二言四字(如浙江农林大学校训:求真 敬业)各1所;有9所高校提及"质量立校","育人为本"和"学术"各7所,4所提及"特色兴校",3所提到"科学"。国外涉农高校校训形式自由洒脱,不拘一格。这些大学校训或短语,或长句,部分取自拉丁文,意蕴深远。如英属哥伦比亚大学校训用拉丁文表达(Tuum est——未来取决于你),加州大学戴维斯分校校训(Let there be light——愿知识之光普照大地),普度大学西拉法叶分校校训(Education,Research,Service——教育,研究,服务)。

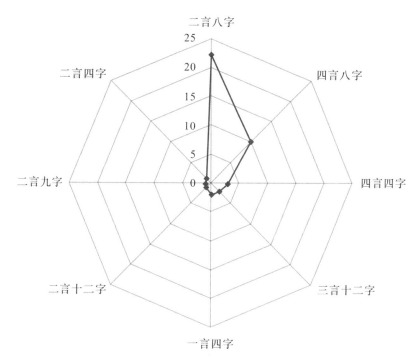

图2 国内涉农高校校训表达格式分布图

资料来源:国内涉农高校校训通过各涉农高校官网查询而得。

三、大学办学理念与校训的协同与冲突

大学办学理念与校训实质为一体。中外涉农高校在发展过程中,既有办学理念与校训协同共进、同向发展,也有二者渐行渐远,甚至分庭而为,这是由多方因素共同促成的。

（一）办学理念与校训协同共进

"学"与"术"是办学理念的核心，分别体现出理性主义与功利主义的价值取向。布鲁贝克认为大学存在的哲学基础有两种：以认识论为基础和以政治论为基础。[①] 理性主义强调认识论，"把以'闲逸的好奇'精神追求知识作为目的"[②]，把大学视为"象牙塔"，追求永恒真理，即尊学。功利主义强调政治论，认为教育的目的是为解决现实问题，"视教育为解决生活问题的工具"[③]，即崇术。综观国内外涉农高校的办学理念及校训，二者紧密结合共奋进，是高校求得发展的关键。一是尊学。如哥本哈根大学的校训为"目之所及，天光妙契"，其办学理念为"以独立研究和最高层次的研究性教育为基础，以批判性思维和洞察力寻求真理"[④]，使其成为丹麦最高学府、世界顶尖研究型大学之一。加州大学伯克利分校校训为"愿知识之光普照大地"，提出了"伯克利是全世界最聪明的人聚集在一起探索、提问和改善世界的地方"[⑤]，体现出持续求知的信念。二是崇术。瓦赫宁根大学校训为"为了生活质量"，坚守"探索自然潜力，提高生活质量"[⑥]的办学理念，屹立于涉农高校之林，代表着全球涉农高校的最高水平。挪威生命科学大学校训为"知识为生活"，提出"在气候变化、环境污染、人口增长、食品和水供应、能源、自然资源利用和保护等领域，世界面临着挑战。挪威生命科学大学要帮助解决这些挑战并实现全球可持续发展目标"[⑦]。霍恩海姆大学秉承"教育和科学对保护我们星球上的生命至关重要"的校训，致力于"生物经济学、全球粮食安全、生

① 约翰・S.布鲁贝克.高等教育哲学[M].王承绪,郑继伟,张维平,等译.杭州:浙江教育出版社,1987:13.

② 约翰・S.布鲁贝克.高等教育哲学[M].王承绪,郑继伟,张维平,等译.杭州:浙江教育出版社,1987:13.

③ 肖海涛.大学的理念[M].武汉:华中科技大学出版社,2001:154.

④ UNIVERSITY OF COPENHAGEN. About the University of Copenhagen[EB/OL].[2021-09-01].https://about.ku.dk/strategy2023/preface-introduction/.

⑤ UNIVERSITY OF CALIFORNIA, BERKELEY. About Berkeley[EB/OL].[2021 09-01].https://www.berkeley.edu/about.

⑥ WAGENINGEN UNIVERSITY & RESEARCH.About Wageningen[EB/OL].[2020-05-01].https://www.wur.nl/en/About-Wageningen.htm.

⑦ NORWEGIAN UNIVERSITY OF LIFE SCIENCES. Strategy 2019-2023[EB/OL].[2021-09-05].https://www.nmbu.no/en/about-nmbu/strategy/node/35553.

态系统以及卫生研究"①,服务人类社会发展。三是学术并重。中国农业大学"以农立校,特色兴校"②,践行"解民生之多艰,育天下之英才"校训,将育英才与解民生并重。华中农业大学秉持"勤读力耕,立己达人"校训和"育人为本、崇尚学术"③的办学理念,学与术齐头并进。爱荷华州立大学校训为"科学与实践相结合",通过"创造、分享和应用知识,使爱荷华州和世界更美好"④。这些涉农高校在历史发展长河中,始终保持办学理念与校训的方向一致性,坚持"农"味,发挥"农"色,展现"农"才,应用"农"力,不仅走出了一条以"农"制胜的特色发展道路,而且愈加重视自身对人类社会做出的贡献。

(二)办学理念与校训的分化

校训是办学理念的重要表征,虽大部分涉农高校始终将办学理念与校训共进并落到办学实处,但也有部分高校的办学理念与校训仍是两条平行线。首先,各行其是。部分涉农高校的校训与办学理念并不相符。如有高校办学理念为"以生为本""以人为本",其校训为"团结、勤奋、求实、创新"。"以生为本"是一种教育理念,但如何恰当应用,须对其进行理性审视与谨慎实践。当然,虽有高校办学理念与校训稍有不一,但其办学理念已高于校训,并指引实践发展。如威斯康星大学麦迪逊分校的校训为"上帝是引领人们走出黑暗和蒙昧的光明之神",具有鲜明的宗教色彩;办学理念是"教育应该超越课堂的界限,影响人们的生活"⑤,显然其办学理念已超越了宗教界限,更加关注于人类生活和社会发展。其次,缺乏个性和积淀。我国涉农高校的成立具有强烈的政治色彩,在42所国内涉农高校中有31所是在20世纪50年代院系大调整中创建、重组,肩负为国、为民的使命。同时期一同发展起来的高校在办学理念和校训制定时难免雷同。此

① UNIVERSITäT HOHENHEIM. Strategie 2018—2022［EB/OL］.［2021-09-23］. https://www.uni-hohenheim.de/fileadmin/uni_hohenheim/Universitaet/Profil/Strategie/Strategie_2018-22_Uni-Hohenheim.pdf.

② 中国农业大学.中国农业大学章程［EB/OL］.［2021-09-05］. https://www.cau.edu.cn/col/col16807/index.html.

③ 华中农业大学.学校章程［EB/OL］.［2021-09-03］. http://www.hzau.edu.cn/xxgk/xxzc.htm.

④ IOWA STATE UNIVERSITY. Strategic Plan 2017—2022［EB/OL］.［2021-09-22］. https://strategicplan.iastate.edu/iowa-state-university-strategic-plan-2017—2022.pdf.

⑤ UNIVERSITY OF WISCONSIN-MADISON. The Wisconsin Idea［EB/OL］.［2021-09-03］. https://www.wisc.edu/wisconsin-idea/.

外,在现实发展中,受各种内外部因素影响,有些高校办学理念和校训成了"口号",成为挂在墙上、留在嘴上、写在纸上的宣传工具,与实际办学关系不大。因此,如何使办学理念与校训合二为一,须打破多重壁垒,任重而道远。

(三)协同与分化的深层探因

涉农高校校训与办学理念的协同共进与分庭而为是多重因素共同促成的结果。首先,历史变迁与时代需要。涉农高校的成立与社会对农业人才及农业发展的需要密切相关。世界高等农业教育于欧洲创立,兴盛于美国,皆源于历史发展进程中对农业发展的迫切需要。涉农高校校训与办学理念也是在历史变迁与时代形势发展需求中产生,但正是历史与时代发展的需要促使校训与办学理念二者间出现了"合"与"分"。如仲恺农业工程学院的校训"注重实践 扶助农工"与其创办初衷密切相关,办学理念也与之一致,二者始终协同并进,有力促进学校发展。其次,区域地理。涉农高校负有为国为民的重要使命,对区域经济社会发展也起重要作用。涉农高校所处的区域地理对其校训和办学理念的实践也有一定影响。如爱荷华州立大学的办学理念就是"创造、分享和应用知识,使爱荷华州和世界更美好",其重要目的就在服务爱荷华州发展。最后,办学层次。涉农高校办学层次的不同,对校训的产生和发展也有一定的影响。办学层次高的院校,其校训与办学理念多面向于"天下苍生"与全球发展;办学层次定位于区域的院校则多着眼于服务区域社会发展。可见,在各种因素的共同驱动下,校训及办学理念也呈现出可变性,这也体现出其具有发展性。

四、涉农高校办学理念的优化

随着第四次工业革命浪潮及农业 4.0 时代奔腾而至,其对我国涉农高校既是挑战,更是机遇。新农科呼唤着涉农高校的改革创新,更呼唤着涉农高校办学理念的优化。

(一)同心协力,实现推进人类社会发展的终极目标

涉农高校作为行业特色型大学,有着与行业天然的联系,更与社会发展、所处区域地理位置及自身办学层次等密不可分。涉农高校办学理念与校训的协同并进,极大促进了终极目标的实现——推动人类社会发展,这也是其办学及生存发展的核心所在。一是求是、求诚乃至于求公。大学不仅要育得人才、追求真

理,更应将自身所育、所得积极带出象牙塔,服务社会。正如雷丁大学的校训"锲而不舍,精益求精,承诺和知识",表达出了求是与求诚的意蕴,其办学理念则提出了求公的目标:"这是一个充满活力、蓬勃发展、可持续发展、全球性和基础性的机构,对世界变化发展做出积极反应"。二是尊学与崇术的融合与分层。尊学与崇术实质是理性主义与功利主义价值取向的外在体现,融合是二者发展的必然趋势,分裂无法进步。正如博耶在 20 世纪 80 年代就指出"我们最主要的敌人是'割裂':在社会中我们失去了文化的内聚力和共性,在大学内部是系科制、严重的职业主义和知识的分割"①。因而,坚持理性主义与功利主义相统一,实现个体与集体共同发展是涉农高校办学理念优化的应择之道。另外,在尊学与崇术融合的基础上,还应根据涉农高校不同层次定位,进行合理分层。对于研究型涉农高校,应追求高水平原创性科研成果,育得英才,服务国家战略与公共需求,并深入开展国际战略合作和科技创新,在全球经济治理、绿色金融、政治与法律制度、国际关系、农业技术援助等领域,发挥中国智慧,提出中国方略;对于地方应用型涉农高校,要注重应用研究,培育应用型人才,与区域农林牧渔业紧密结合,全方位地为区域发展服务。

(二)合二为一,寻求理想与现实的统一节点

在涉农高校实际办学中,存在着办学理念与现实脱节的现象。中国涉农高校校训如"诚""朴""勤""仁""树木树人""学参天地""明德""困知勉行""励学笃行""至真至善"等都体现出了求是、求诚、求公的办学理念,但在实际发展过程中或多或少还是带有追求综合实力排名的各项办学指标的色彩。国外涉农高校也有一些痕迹。如德州农工大学,建校之初为德州农机学院,校训为"培养品德高尚的领导者,服务大众",体现出求诚、求公的大学办学理念。然其对自身定位是"在 21 世纪,在尊重其历史和传统的同时,在公立大学中寻求一席之地"②;在《2020 年愿景》中提出了发展目标:"创造卓越的文化"③,对于如何达成"卓越",也陷入了与其他公立大学各项指标的比较漩涡中。

---

① 王英杰.美国高等教育的发展与改革[M].北京:人民教育出版社,2002:95.

② TEXAS A&M UNIVERSITY. Texas A&M University Mission Statement[EB/OL].[2021-09-02].https://www.tamu.edu/statements/mission.html.

③ TEXAS A&M UNIVERSITY. Vision 2020: creating a culture of excellence[EB/OL].[2021-09-02].http://vision2020.tamu.edu/Process-Reports.

　　如何破解上述问题,关键是要去寻求涉农高校办学理念与现实发展间的统一节点。首先,回归本真。大学产生之初就以人才培养为职能,其本质正如纽曼所言是传授普遍知识的场所。涉农高校办学理念与现实发展必须统一于人才培养这个大学的根本任务上,用本真平衡二者关系,达到提高人才培养质量的终极目标。其次,特色立校。特色是一所大学异于他校的亮点和特点。只有坚持特色才能使高校在激烈竞争中立于不败之地。涉农高校多靠"农"起家,农林优势学科专业就是其特色所在。综观中外涉农高校发展史,其在建立之初,几乎都是通过优势学科建立而逐步发展起来,如南京农业大学源自 1902 年三江师范学堂农学博物科和 1914 年私立金陵大学农科;巴黎高科农业学院始于 1824 年建立的国立水、林业和环境学院;密歇根州立大学源于 1855 年成立的密歇根州立农业学校;爱荷华州立大学在 1879 年建立了美国首个州立兽医学院;等等。最后,放权于大学。涉农高校理想与现实的统一节点的寻得还应得到政府的支持。受政策、指标、资源等因素的制约,涉农高校的发展仍放不开手。高校办学自主权的落实须有质上的突破,中央与省级应合力共同推进。

(三)加强新农科建设,推进国际化办学

　　新农科建设是当下涉农高校面临的共同课题。新农科实质蕴藏五重含义:第一重,是全面推进乡村振兴、生态文明建设的关键助推力;第二重,适应农林产业发展的新需要,是新技术革命与高等农林教育的美丽邂逅;第三重,是对相关涉农学科专业的重新洗礼,亟须改造升级、交叉创新;第四重,是一场人才培养的深度革命;第五重,新农科需要开放合作思维。传统的办学理念如何在新农科建设中焕发出新的生机,其中一个突破口即涉农高校当前的重大短板之一:用开放合作思维加强国际化办学。国际化是影响和塑造高等教育并使其能够应付 21 世纪挑战的主要力量之一。[1] 我国涉农高校与世界一流涉农大学乃至国内一流大学相比,在国际化办学上还有较长的路要走。以 2019 年外籍教师和国际生两项指标为例,荷兰瓦赫宁根大学外籍教师 379 人(占总比 15.8%),国际生 3805 人(占总比 27.3%)[2];清华大学外籍教师 1485 人(占总比 24.9%),国际生 5080 人

　　① 简·奈特.刘东风.激流中的高等教育[M].陈巧云译.北京:北京大学出版社,2011:1.

　　② QS 2019 TOP UNIVERSITY.Wageningen University & Research[EB/OL].[2021-09-25].https://www.topuniversities.com/universities/wageningen-university-research#sub.

（占总比 13.7％）[1]；中国农业大学外籍教师 45 人（占总比 2.7％），国际生 245 人（占总比 1.2％）[2]。因而，国际化理念作为 21 世纪全球环境复杂性、多样性和差异性的产物，理应成为涉农高校在高等教育巨变时代中的改革创新的重要推动力，并为人类命运共同体的构建出谋献力。当然，在加强国际化办学的同时，还应处理好与民族化的关系，二者间形成相辅相成的统一体，中国作为发展中国家更应如此。高等农林教育只有扎根于中国大地，通过"引进来"和"走出去"相结合的方式，将世界先进科学与文化和自身优势特色融合，才能在农业 4.0 中真正做到强农兴农，服务中国现代化建设。

（四）多样化发展，以文化内核促涉农高校内涵式发展

涉农高校具有天然的竞争优势，这个优势在于特色。涉农高校发展不仅要瞄准一流，更应扎根中国大地，多样化发展，办出特色。特色不仅体现在学科专业设置、教师知识结构与行业对应、较为稳定的科研领域、学生较为明确的就业去向，还体现在独特的文化内核上。独特的文化内核突出地体现在校训及其所蕴含的办学理念中。文化是一个学校发展的灵魂，也是学校发展的不竭源泉。通过文化内核促进涉农高校内涵式发展，以文化人、以文育人。校训所具有的多样性主要体现在两个方面：一方面，校训内涵的多样性。校训的内涵不止于字面上，更有其深刻蕴意，能给予全校师生发展动力。另一方面，校训的外在辐射多样性。校训与办学理念一同指引学校发展前进方向，主要体现在学科专业特色建设、科学研究领域、服务面向等方面。当前，我国高等教育已步入普及化阶段，普及化阶段对教育的质量和水平都提出了更高的要求，走内涵式发展道路是必然选择。独特文化内核将对提高涉农高校质量，走内涵式发展道路起关键作用。因此，加强校训的多样化发展，以文化内核促进涉农高校内涵式发展是涉农高校未来发展的应有之义。

每一次的社会转型，每一次的大学危机，都在表达着对大学理想和理念的呼唤。[3] 在新发展格局下，大学办学理念的优化对涉农高校而言，不仅是一项基础

---

① QS 2019 TOP UNIVERSITY. Tsinghua University［EB/OL］.［2021-09-25］. https://www.topuniversities.com/universities/tsinghua-university♯wur.

② QS 2019 TOP UNIVERSITY.China Agricultural University［EB/OL］.［2021-09-25］.ht-tps://www.topuniversities.com/universities/china-agricultural-university♯sub.

③ 邬大光.大学理想和理念断想［J］.高等教育研究，2005(11):1-4.

性工程,更是决定未来发展的战略性工程。对于这项战略性工程,要从根源上着手,梳理其发展脉络,才能有新的发展方向。大学校训作为大学办学理念的外化符号表征,为全面思考涉农高校办学理念的优化路径,以大学校训为研究基础,观得其貌,探得其因,最终思得其路,希冀能对涉农高校未来发展具有一定的启示意义。

Study on the Optimization of the Idea for Running Agriculture-Related Colleges and Universities Based on the Comparison of School Mottos

Huang Min[1,2]

(Institute of Education, Xiamen University, Xiamen 361005;

Fujian Agriculture and Forestry University, Fuzhou 350002)

Abstract：The school motto of university which is the important reference for the idea of running university. Influenced by various internal and external factors, China agriculture-related colleges and universities' motto and idea have developed together. Through the comparison on the school mottos of 85 agriculture-related colleges and universities in China and abroad, this paper comprehensively analyzes the intrinsic connotation of the idea of running a university, and explores the collaborative progress and division of school-running idea and school motto. Under the development of emerging the new agricultural education in China, the optimization of the idea for running agriculture-related colleges and universities' core is to make them work together, seek the unity of ideal and reality, with open and cooperative thinking to strengthen internationalization. In addition, we should pay attention to the diversified development of school motto and promote the conjunctive development of agriculture-related colleges and universities with cultural core. Ultimately, agriculture-related colleges and universities achieve the ultimate goal of human social development.

Key words：agriculture-related colleges and universities；the idea of running a university；the school motto of university

教育治理与保障

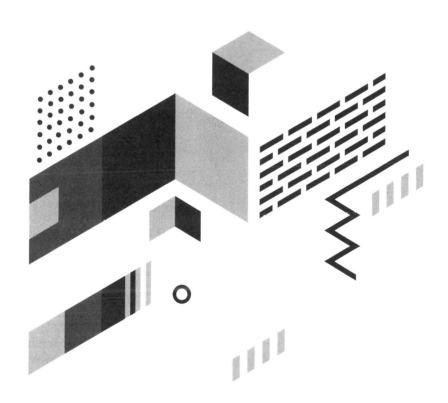

高校的智力服务价值与创业型组织构建

——破除高校"五唯"的一个重要向度[*]

张继明[**]

（济南大学 高等教育研究院，济南 250024）

摘　要： 智力服务反映着高校的组织特性与社会责任，是审视高等教育质量观的重要视角。"五唯"阻碍着高校智力服务能力的提升，高等教育质量建设丧失了必要的组织与功能基础，为此需要以高校智力服务为视角，重塑高等教育质量观及高校发展观。创业型高校适应了改革要求，是我国高校转变发展范式进而提升其智力服务能力的重要方向。要实现高校范式的转型，亟须重塑基于"公器"的学术观和大学观；优化学科布局，为高校转型奠定组织基础；重建高校评价体系，引导高校积极进行组织转变；依法深化管办评分离改革，保障高校独立法人地位和独立发展权；优化高校内部组织结构，强化基层组织和教师的创业责任等。推动高校向创业型组织转变，是我国推进高等教育内涵式发展的实践路线。

关键词： 五唯；高等教育质量；大学范式；创业型高校；智力服务

一、问题的提出

高等教育的高质量发展是科技强国和人才强国建设的基础。联合国教科文组织在《教育 2030 行动框架》中强调，教育质量提升是未来十五年世界教育改革发展的关键。[①] 2018 年，党的十九大明确提出要"加快一流大学和一流学科建设，

---

*　基金项目：国家社会科学基金"十四五"规划 2021 年度教育学一般课题"高等教育治理现代化进程中我国高校集群治理研究"（编号：BIA210188）。

**　作者简介：张继明（1979—　），济南大学高等教育研究院副教授，山东省高等教育改革与发展研究院研究员，硕士生导师，主要从事高等教育理论研究。

①　吴凡.面向 2030 的教育质量：核心理念与保障模式［J］.教育研究，2018(1)：132-139.

实现高等教育内涵式发展",其本质也即持续提升教育质量。在学界,研究者围绕高等教育质量问题等进行了系统研究。但经梳理发现,学界对高等教育质量的探讨在总体上更加关注人才培养和科学研究。正如王建华所强调的,促进高等教育高质量发展需要弄清"质量"的内涵,弄清楚到底是什么使一个国家的大学能够持续培养出杰出人才,并生产出创新性的知识。^①换言之,学界在探讨高等教育质量时对社会服务视角缺乏充分观照。究其原因,在于长期以来我国高校发展模式深受"认识论"高等教育哲学影响,一是人们始终强调人才培养是高等教育或大学的天职,如张安富等提出,高等教育质量的高低首先反映在高等学校人才培养的质量上,这是由高等教育的本质属性决定的。^②在此语境下,社会服务不仅得不到应有的重视,还会因其某些商业化、市场化的运行方式而受到"学术资本主义化"的指摘。^③二是基于"大学者,研究高深学问者也"的经典大学法则,人们普遍认同学术本位作为高校发展和治理的基本逻辑,将学术发展视作高校发展的根本追求,^④这在实践和管理上表现为高校偏好于以学术型大学为发展导向,院校评估、资源配置以及高校排名都更加强调高校的学科与科研产出。这导致了高校办学长期存在"重科研轻教学"的倾向,甚至出现以量化科研指标为导向的"学术 GDP 主义"^⑤。在"双一流"时代,高校人才培养质量越来越受到重视。吴岩指出,建设高等教育强国最具标志性的内容就是要培养一流人才,因而培养一流人才是中国高等教育新时代内涵式发展的最核心的标准。^⑥概言之,在传统发展范式下,我国高校闭门办学的思维根深蒂固,对高等教育质量的认识和建设具有显著的"内向型"特征,社会服务没有得到充分尊重。从第四轮、第五轮学科评估方案来看,社会服务在评估指标中的体量与权重都处于相对式微的地位。

显然,传统的质量观和质量建设方式有违于知识生产模式转变的客观规律,不符合高校走向社会中心的必然趋势,不利于高校承担服务国家战略需求的社

①　王建华.论高等教育的高质量评估[J].教育研究,2021(7):127-139.

②　张安富,靳敏,施佳璐.高等教育质量与水平及相关概念辨析[J].高等教育研究,2009(11):13-18.

③　宣勇,付八军.创业型大学的文化冲突与融合:基于学术资本转化的维度[J].中国高教研究,2013(9):90-93.

④　徐显明.推进体制机制改革 回归大学学术本位[J].中国高等教育,2013(18):18-20.

⑤　姜晓晖,汪卫平.高校教师学术声誉研究:一种探索性激励机制设计[J].中国高教研究,2021(4):42-47.

⑥　吴岩.一流本科一流专业一流人才[J].中国大学教学,2017(11):4-12,17.

会责任。而且,"内向型"发展模式大大限制了高校拓展办学资源的空间,造成了严重的高等教育"内卷化",即高校间白热化的资源竞争、严重的发展局限以及"GDP"主义导向的院校绩效考核,出现了"指标主义""测量主义""评估主义"管理倾向,①这种倾向最终导致形成"五唯"。在"五唯"影响之下,高校办学进一步远离了社会现实。可以说,"五唯"是传统发展模式的必然结果,造成高等教育质量建设深陷虚假繁荣的陷阱。基于此,本文提出,要推进高等教育高质量发展,必须树立科学的质量观,为实施高等教育发展战略提供认识论基础。在此逻辑下,需要重新认识高校的智力型社会服务在高校职能体系中的地位,建立并践行以高校智力服务质量为中心的高等教育质量观。而要使增强智力服务能力成为高校的主动追求,则需要推动高校以创业组织为范式依据,建立创业型大学。这是我国实现高等教育内涵式发展的一个重要向度。

二、高校智力服务是高等教育质量建设的重要视角

高等教育质量建设必须回答"是为了谁的质量"的问题。从历史来看,高校具有面向社会需求的服务性基因,从现实来看,社会服务促使高校统一实现其内在价值与社会价值,尤其是凸显着知识经济时代大学的重要战略意义。这意味着,高等教育质量建设必须通过其独特的知识优势服务于社会生产生活。而高校社会服务的独特优势正体现在其以专业或科技为基础提供智力型服务。

(一)大学具有面向社会需求的服务性基因

在现代大学发轫于中世纪欧洲的进程中,市镇经济的发展、社会职业的需求、权力当局的支持等社会选择因素发挥了基础性作用。② 而且,人类生产生活的需求与变化还推动着知识不断发生分化,除了最初以"满足闲逸的好奇"为主要目的的纯知识追求外,以服务于社会生产生活为目标的实用知识在整个知识体系中占据了更重要的地位。尽管19世纪初洪堡等人以新人文主义为指导、为追求纯学术而建立了柏林大学,强调大学的"自由和清净",但在世界范围内,追求实用知识却越来越成为大学改革与发展的重要趋势,其中尤以英国19世纪初

---

① 王建华.量化评估与大学发展[J].高等教育研究,2020(11):33-41.

② 希尔德·德·里德-西蒙斯.欧洲大学史:第一卷(中世纪大学)[M].张斌贤,程玉红,和震,等译.保定:河北大学出版社:2008:10.

期兴起的"新大学"运动为典型代表,新大学以经世致用为追求,设置实用型、技术型课程,并实施工学结合的走读制度,培养职业型、服务型人才,以满足产业革命后经济社会发展对技术型劳动力的需求;同时还基于社会生产对新技术的要求而重视应用研究,注重开展科研成果的转化。[1] 甚至在技术革命和产业革命的驱动下,老牌的牛津大学和剑桥大学也不得不改变其古典教育传统,适应社会需求,增设世俗性、应用型课程,以应对生源和资源危机。此外,法国在18世纪末期,以功利主义为主要原则创办专业学院以培养专业人才,也反映了国家和社会生活对高校面向社会办学的客观要求。在工业发展的推动下,德国从19世纪60年代开始也积极创办高等技术学院,训练工厂管理人员、技术人员。[2] 而同一时期,美国颁布《赠地法案》,赠地学院开始广泛设置农学、机械制造、农业经济学等专业,推进农业科技教育,培养农工人才;广泛开展实用性研究,解决企业面临的实际技术问题。赠地学院的兴起以及"威斯康星思想"的形成和推广,标志着专门化的服务社会成为大学的核心职能,并且以知识为基础,表现出越来越强的专业化,集中反映为一种"智力服务"。

追溯现代大学发展史发现,社会选择从根本上推动着知识的分化。大学在变革知识生产模式过程中,自然科学和技术类课程逐步进入大学,打破了人文古典知识至上的课程传统,人才培养从单一的道德教育取向转为兼顾社会职业性要求,学术研究也逐渐分化出基于实用取向的新类型,直至专门化、直接化的社会服务成为大学公认的基本职能。这表明,大学组织从一开始就具有面向社会的开放性,其社会服务能力体现着高等教育发展的程度。因此,高校能否有效满足社会发展的需要是衡量高等教育质量的重要标准,而高等教育质量治理的一个基本任务就是保障高校面向社会的开放性和服务能力。

(二)社会服务在高校职能体系及质量建设中扮演着关键角色

一般来说,高校社会服务专指高校直接为社会生产生活提供知识产品和知识服务。高校社会服务的意义不仅在于直接促进生产生活,还表现在对高校不同职能的整合和价值转化上,在高校职能体系及质量建设中扮演着关键角色,发挥着独特作用。

---

① 柳友荣.英国新大学运动及其对我国应用型本科教育的启示[J].高等教育研究,2011(8):94-99.

② 贺国庆.外国教育专题研究文集[M].保定:河北大学出版社,2001:52-54.

1.社会服务促使高校价值链向社会延伸

高校的人才培养和科研质量如何，要看是否促进了实践的进步，而高校提供的人才和科学技术是在应用于生产实践中体现其价值的。在高校知识生产与社会发展需求之间，高校的社会服务作为联结两者的中介性环节，是高校人才培养和科学研究由内而外获得社会意义的一种转化机制。历史表明，没有社会服务，高校拘泥于传统的"象牙塔"角色，其合法性根基就会发生动摇，正因如此，走出象牙塔是当代高校必然的选择。当下，高校已成为高度开放型组织，这一核心属性集中反映在空前多样化、立体化的社会服务上。随着社会生产生活方式的变化，高校不断革新服务社会的内容和形式，以适应社会发展，这构成了大学组织持续演进的根源性力量。有学者强调开放性、适应性作为现代大学制度的结构特征[①]，这也表明了高校社会服务的重要性。可以说，社会服务质量集中反映了高校的学术生产能力和人才培养能力，并且高校通过社会服务，实现了其知识链、价值链的社会化延伸，促使形成基于"学科—专业—产业链"的高校与社会协同发展逻辑[②]，高校或高等教育同社会在相互融合、相互促进中实现共生发展。

2.高校的智力型服务是当前经济社会发展原动力

高校社会服务是一种智力服务，是以高深知识为基础、以专业化的技术与方法为工具的特殊类型服务，其核心价值在于解决那些在人类生产生活中具有高复杂性、高难度和高挑战度的问题，科学化和专业化是智力服务的典型特征。高校在智力服务上具有独特优势，因为高校是专门从事高深知识生产的机构，并通过专门的渠道和完善的制度保障来实现知识的社会化应用；而且，高校将科研创新、复合型人才培养和专业化社会服务融于一身，通过规模化、制度化的人才培养，高校在服务效率上拥有无可比拟的优势。从另一个角度来说，高校也只有通过高端智力服务才能实现其价值，如果高校沉溺于缺乏专业品质的低端服务，也就失去了存在的必要性。在当下，高校智力服务已成为推动社会发展的原动力，当今世界各国正积极启动一流大学建设计划，如德国的卓越集群计划、法国的卓越大学计划、日本的远山计划等，以增强大学研究实力和国家核心竞争力。[③] 同

---

① 王洪才.论现代大学制度的结构特征[J].复旦教育论坛,2006(1):32-38.

② 胡赤弟,黄志兵.知识形态视角下高校学科—专业—产业链的组织化治理[J].教育研究,2013(1):76-83.

③ 刘宝存,张伟.国际比较视野下的创建世界一流大学政策研究[J].比较教育研究,2016(6):1-8.

样,在我国,"'双一流'建设作为一种国家理想主义,其意义在于为'两个一百年'奋斗目标和中华民族伟大复兴提供智力支持"①。以优化智力服务为高校办学导向,一方面能够引导高校积极服务于国家战略需求,以实现其社会价值;另一方面则激励高校主动革新办学模式,增强智力生产能力。

综上,高校的智力服务反映了高校的社会属性要求,适应了现代社会对高校发展的客观需要,质言之,高等教育质量的含义与标准集中反映在高校面向社会需求的智力服务能力上,社会化的立场与逻辑愈来愈成为高等教育质量评价的核心依据。因此,高校在知识生产和基础上,持续为社会提供智力支持,就构成了高等教育质量建设的根基。

三、基于"五唯"的管理模式阻碍高校智力服务能力发展

持续提升高校智力服务能力是高等教育强国战略的必要路径。但现实中,高校长期以"五唯"为质量标准,深陷封闭办学和价值虚空的窠臼,智力服务意识和服务能力薄弱。这就要求高校打破以"五唯"为中心的发展观和评价观,重塑高等教育质量评价体系,引导高校加快提升智力服务能力。

(一)"五唯"作为当前高校管理与评价模式的实践工具

目前,我国高校在办学中普遍重视绩效管理与市场化驱动,两者在实践中相互强化,决定着高校资源配置,而"五唯"评价适应了这种管理模式的要求,成为高校普遍采用的管理工具,并逐渐对高校办学形成全面控制。第一,在形式上,"五唯"是高校量化评价、量化管理的实施方式。高校是一个系统内各要素基于核心价值而有机协同的生态组织,高校的评价和管理必须秉持系统科学、生态科学及复杂科学的思维。但高校过度依赖量化管理,管理过程追求简便化、标准化和统一化,有违于高校的多样化生态特性;在具体管理方法上,通过指标分解和高度量化将高校实际发展水平进行了选择性"裁剪",②而"数字化"裁剪信息又无法为高校的决策与管理提供完整的信息依据,导致高校深陷"指标化""碎片化"办学的陷阱,高校作为一个完整的生命体遭到肢解,破坏了高校内外部环境的生

---

① 马陆亭.扎根中国建设"双一流"的责任和路径[J].中国高教研究,2018(1):18-19.

② 张应强.理性利用大学排行榜促进高校内涵发展[J].河北师范大学学报(教育科学版),2020(2):9-13.

态平衡。第二,"五唯"导致了高校间的过度、无序竞争。政府在对高校办学绩效进行严格量化考核的基础上,实施高等教育资源配置,同时又鼓励高校通过类市场化的竞争来提升办学绩效,高校间形成了零和博弈的关系。为了确保高校办学不断"增值",政府还积极引进了审计机制,以加强问责,致使高校充斥着各种绩效审查、监察,[①]大大强化了高校的非理性竞争。如此,科层控制与利益驱动、量化管理和市场竞争共同构成了高校管理体系,而"五唯"正是这一体系的实践机制。

(二)"五唯"的本质在于背离了高等教育质量建设的根本逻辑

长期以来,政府以"五唯"为依据来实施高等教育管理,包括学科评估、"双一流"高校和学科遴选及各类专项投入等。"五唯"同利益分配密切相关,从而成为高校办学的重要导向,甚至作为"一种惯习和无意识的社会文化"[②]。"五唯"同以自由和创造为特质、以学术创新为价值基础、具有鲜明生态化特征的高校而言是不相适应的,因为它将教师从系统性的学术场域中孤立出来,成为分离的、单独的、样本的和数据化的原子,从而产生无意义感;将复杂、充满不确定性的学术生产简单化为静态性、截面性指标,使知识生产形同工厂中按固定流程进行产品加工;用外显的功利化、工具化标准衡量富有理想主义特质和公共精神的学者,基于"经济人"假设的管理逻辑和基于外部标准的学术审计破坏了学者的自由家园,侵蚀了其学术理想;将高校丰富多元的职能和责任严重地窄化,高校成为一个知识产品加工和售出的机构。总之,"五唯"导向从根本上违背了高校作为学术共同体的组织规律、学术生产规律及其文化使命,用数字堆砌起来的所谓绩效及以此为导向的管理模式,使得高校失去了真正意义上的、立足于社会真实需求的学术创新的支撑,高校智力服务能力的培育失去了坚实的学术根基,高校因此丧失了智力服务能力及其作为高校合法性基础的实在性。概言之,"五唯"使得高校成为悬浮在空中的"数字游戏场",远离了赖以生存的地基,高等教育整体质量建设也就因此失去了必要基础。

---

① 林小英,薛颖.大学人事制度改革的宏观逻辑和教师工作的微观行动:审计文化与学术文化的较量[J].华东师范大学学报(教育科学版),2020(4):40-61.

② 刘振天."五唯":痼疾如何生成,怎样破解[N].光明日报,2019-02-26(15).

(三)以强化高校智力服务为导向重塑高等教育质量观

"五唯"动摇高等教育质量建设的根基,因而当前高等教育治理的关键在于重塑高校办学的核心价值导向,重建高校评价机制及高等教育质量治理体系。承前所述,为社会提供智力服务是当代高校的职责和必要的办学策略,质言之,优化办学模式,增强自身的智力生产和智力服务能力,以实现其独特的社会价值,并在价值创造中夯实合法性基础,此即高校办学的核心价值取向和应有的高等教育质量观。以智力服务为实践机制,高校将学科与专业建设、队伍建设和人才培养、科研开发等与社会发展的需求结合起来,进而创新生产、管理和服务机制,最终回归至一个具有实在意义的实践性组织,而这又构成了高校适应知识生产模式转变、增强知识生产能力的动力机制。正是在这个意义上说,构建以智力服务为导向的价值与实践体系,促成了高校的自我实现及其社会责任的完满,是化解"五唯"问题、推进高等教育质量建设的必要道路。2020年,国家发布《深化新时代教育评价改革总体方案》,强调克服"五唯"弊端,突出学科建设的"质量"与"贡献",要求"双一流"建设主动服务国家需求,这强有力地证实了高校以智力服务为导向实施改革的必要性。高校只有增强智力生产和服务能力,为国家事业和人民福祉做出实质贡献,才是真正的高质量发展,才是建设高等教育强国的方向。当然,重塑和践行新的质量观,是一个包括师资转型、制度转换、生产模式更新等在内的系统性变革,需要高校主动进行范式转型,即转变为开放的、进取的创业型组织。

四、创业型组织建设是高校增强智力服务能力的战略走向

现实中,高校向应用型院校转型,以及参与产教融合等,都很难摆脱传统办学模式限制,这是因为高校深陷基于"五唯"的范式陷阱,因而急需进行一场范式革命,实现向创业型组织的转变,这是高校增强智力服务能力的战略走向。创业型高校将为高等教育质量建设提供可靠的组织与功能基础。

(一)创业型高校是知识生产模式革新和高校组织进化的产物

20世纪末,美国学者克拉克(Burton R. Clark)和埃兹科维茨(Henry Etzkowitz)等开始提出"创业型大学"(Entrepreneurial University,EU)概念,并催生了美国的麻省理工学院、斯坦福大学,英国的沃里克大学、荷兰的特文特大学等

一批创业型高校,创建创业型高校成为"大学变革的一种趋势"①。之所以说高校向创业型组织转型标志着一种范式革命,是因为创业型高校重新界定了知识及知识生产的意义,重构了高校知识生产模式,即创业型高校凭借强烈的创业精神和创业责任,打破了对传统发展路径的依赖,摒弃了将纯知识生产作为唯一目标的传统,转而主动追求知识的社会应用价值,以适应社会选择的要求。在科技推动产业发展的背景下,"仅仅创造知识并使之予取予求,这远远不够,高校还需利用市场的力量以确保这些知识得以应用。"②创业型高校的诞生反映了知识生产模式的演进,即知识生产模式由模式 1 向模式 2 乃至模式 3 的转变,使得知识应用反过来成为知识生产的内在动力,即高校以社会需求和社会选择为依据组织新的知识生产,简言之,创业型高校是知识生产模式或生产流程重置的产物。从根本上说,创业型高校还是因为生产力发展提出了知识分化和知识应用的要求,尤其是在现代工业社会以至信息社会、智造社会,科技已经构成经济社会发展的基础和原动力,高校不仅要适应新时代新社会对知识的要求,更要通过引领知识革命而占据知识—产业链的优势位置。当然,在新的社会背景下,高等教育质量也因其符合于新生产力发展的要求和知识的分化而有所演化。高校如果抱守古希腊时代"为满足闲逸的好奇"的知识观、执拗于洪堡时代为学术而学术的大学观,而忽视社会生产及生产技术对知识分化的要求,就会发生"范式危机",威胁到自身合法性基础,③高校办学或高等教育质量也就无从谈起。高校只有主动延长知识的价值链,应用知识来服务市场、服务社会,才会重获并巩固合法性根基,以"实现创新的动态性自我维持"④,因此,向创业型高校转型是高校组织进化的要求。总之,知识驱动和社会选择共同推动了创业型高校的产生,而创业型高校适应了新时代高等教育质量观的新要求。

(二)创业型高校实现了智力生产和智力服务能力的优化

创业型高校首先意味着其树立起了知识服务社会的价值取向,在此大学观和发展观的引领下,高校为了适应知识生产模式的演化,积极推进知识应用。一

① 伯顿·克拉克.建立创业型大学:组织上转型途径[M].王承绪,译.北京:人民教育出版社,2007:1-2.

② 伊丽莎白·波普·贝尔曼.创办市场型大学:学术研究如何成为经济引擎[M].温建平,译.上海:上海科学技术出版社,2017:52.

③ 王建华.大学的范式危机与转变:创新创业的视角[J].中国高教研究,2020(1):70-77.

④ 亨利·埃茨科维兹.三螺旋创新模式[M].陈劲,译.北京:清华大学出版社,2016:416.

方面,高校要依据社会需求来组织和实施智力生产;另一方面,高校要寻求有效服务社会的途径,为此,高校就必须进行积极的组织变革和相应的制度建设,以成为一个具有敏锐的市场嗅觉和高超的市场参与能力,能够依据环境变化及时调整智力生产模式的创业型组织。质言之,创业型高校是一种高校组织范式,它以知识应用或知识服务作为知识生产的价值目标,以社会选择为根本动力来驱动和组织知识生产,具有灵活、开放、动态的组织结构,具有鲜明的社会性和进取性特征,是典型的学习型、创新型组织。其中,"创业"是指高校通过知识生产和知识服务创造价值,或者扩大自身与利益相关主体共同价值的过程;为了实现价值增值,高校在主动参与社会建构中寻求价值释放的空间,并主动通过知识创新来开拓新的服务领域。可见,创业型高校是高校强化智力服务品质的有效载体。需要明确的是,创业型高校强调知识应用,强调高校融入社会、参与经济活动,并不意味着创业型高校否定基础研究的意义,相反,知识应用和智力服务为创业型高校在基础研究、基础学科建设上提供了新的动力机制和物质基础,而基础科学的发展又将持续地推动知识向技术转化、向生产力转化。因此,创业型高校在知识的价值链上形成了内向闭合、外向开放的良性循环状态。质言之,创业型高校并非资本主义的学术展现,真正意义上的创业型高校通过学术资本转化来践行学术创新与学术应用的双重责任[1],从而统一了学术共同体的内在价值与作为社会机构的智力服务价值。而这就体现了创业型高校的组织逻辑。可见,知识应用或智力服务在创业型高校的办学体系中占据着中心位置,甚至可以说,智力服务是创业型高校的首要职能,其人才培养和科研功能依托于智力服务过程。创业型高校克服了"五唯"式办学忽视社会需求和生产实践、忽视知识应用和创新、忽视办学真实收益的弊端,是真正以质量为取向的新办学范式。

综上,高校创建创业型组织,是突破"五唯"束缚的有效路径。创业型高校将成为主动变革知识生产模式、追求知识持续创新和有效推进知识转化的"新大学"。正如王建华教授所提出的,在创新创业时代,创业型大学必然要成为包括研究型大学在内的大学转型发展的共同新范式。[2] 创业型高校的知识生产与智力服务相互构成了价值实现的必要条件,高等教育质量建设因之具备了可靠的组织与功能基础以及有效的实践机制。

---

① 付八军.学术资本转化:创业型大学的组织特性[J].教育研究,2016(2):89-95.

② 王建华.重审大学发展范式[J].大学与学科,2020(2):49-57.

五、推动高校向创业型组织转变的五个重要向度

高校向创业型组织转变,是其践行智力服务价值的组织要求,是发展范式的重建,是高校的系统性变革,不仅要克服旧范式残存的制度惰性,也要应对新范式可能引发的观念冲击。[①] 高校只有在政府有效治理的前提下实现理念与价值、学科与组织结构的系统性革新,创业型高校才会得以建立。

(一)重塑公共价值观,为组织转型提供价值引领

范式的转换首先是思想理念和价值观的转变。创业型高校强调智力服务,即注重以知识服务于国家战略,反映的便是一种不同于传统的思想和价值取向。一般来说,教育普遍被界定为负载公共价值的公共事业,即便是私立高校,其存在的合法性也主要源自公共价值。[②] 构建高等教育强国,必须彰显高校的公共价值和使命。"五唯"导向大大强化了高校、教师及学术的工具性、个体性、私利性,进一步导致高校参与社会的主动意识匮乏,融入市场、服务市场、利用市场的专业能力不足。正因如此,高校难以同产业建立起有效的协作关系,知识生产模式难以依据科技、产业等社会环境变化进行及时调整,而且这种滞后性、保守性又反过来束缚高校智力服务能力的提升。因此,高校亟须建立起正确的学术观和使命观,认识到社会服务是承担国家使命和践行社会责任的基本方式和必要战略,从而主动建立起自身与社会、市场间的交往机制,积极谋求智力成果向生产转化。美国州立大学积极利用自己的资源服务于州政府、全州公民乃至整个国家事业,与"威斯康星思想"所确立的大学观有着深刻联系:"在州立大学,教育是为全州人民利益服务的。大学对州负有特殊责任。"威斯康星大学在 1989 年战略规划《未来方向:21 世纪的大学》中更是明确提出"强化公共服务的责任"。在当代,威斯康星大学还通过开展相关一对一帮扶项目如"农民保健合作项目""社区写作援助计划"等,强化社会服务的公共性。[③] 唯有在真实的生产实践中,高校才能不断依据社会进步的需求来组织新的知识生产,实现学术创新。创业型高校

① 王建华.创新创业与大学范式革命[J].高等教育研究,2020(2):9-16.

② 张铁明,肖理想.利用公共教育资源大力发展民办教育的思考与建议[J].教育发展研究,2006(22):1-6.

③ 陈建国.威斯康星思想与我国地方高校转型发展[J].高等教育研究,2014(12):46-53.

的基本特性就是自觉寻求并创造社会需求空间,提供有针对性的高品质智力服务,在实现自身价值中创造新的价值。所以,建立起基于公共价值的社会服务价值观,为高校范式转型提供价值引领,是推动高校向创业型组织转变的内生动力。

(二)调整和优化学科布局,为创业型高校奠定组织基础

创业型高校要建设具有面向社会的开放性和应对生产需求的服务能力的学科体系。高校转型发展,应以创业型高校的学科特性为依据,优化学科布局。其一,打造学科建设"新常态"。即打破纯知识导向、远离社会需求,并且强调学科分化和学科间相互区隔的学科建设传统,转而进行新工科、新文科、新医科及新农科建设,面向新经济社会发展与技术创新要求,面向复合型、创新型人才需求,推动学科交叉融合和跨界整合。以农学为例,2021年6月,上海市教委、崇明区人民政府和上海交通大学签署战略合作协议,共建交大国际农业与生态学院,推动农学和环境科学与工程等交叉学科进行合作,打造低碳生态、可持续发展的新学科群。南京农业大学则获批建设"人工智能"(农业领域)专业,推动人工智能技术与农业交叉相融。[1] 经过跨学科改造的新农学相关专业毕业生在劳动力市场上表现出了强劲的竞争力。其二,大力发展交叉学科。目前,"交叉学科"已经成为我国第14个学科门类,着眼于解决制约我国发展的"卡脖子"问题,这打破了按纵向知识分类进行学科划分的传统,而依据社会发展重大问题为出发点进行学科设置,遵循的是社会需求逻辑。[2] 创业型高校应主动整合力量,勇于参与交叉学科新门类建设,在新学科门类下开辟新的学科和专业培育方向,增强对接国家重大需求的科研开发和紧缺型人才培养能力,提高智力服务的时代价值和战略价值。在近两年的高校专业调整中,诸如"智能制造工程""金融科技""大数据管理与应用"等新专业的开设,就体现了学科建设融合国家战略需求的思想,有利于促进高校转型,增强智力生产和服务能力。其三,大学应优化资源配置机制,保障基础学科发展的持续投入,增强基础研究能力,为应用型学科发展和科研开发及其服务提供科学基础。以"四新"建设和交叉学科建设为重要实践形式,优化学科布局,是高校得以转型发展的组织基础。

---

[1] 新农科:新在"农",也新在"科"[N].中国科学报,2019-08-13(5).

[2] 李立国,李登.设置交叉学科:打破科学割据,作彻底联合的努力[N].光明日报,2021-02-27(11).

(三)优化高校内部组织结构,强化基层组织和教师的创业责任

院系是高校真正意义上的生产或功能单位,院系转型为创业型组织是高校实现整体转型的基础。为此,第一,学校应在优化顶层设计和完善质量保障体系的前提下,充分赋权于院系,并与之建立责任契约,引导院系自觉向创业型组织转变,主动促进学术资本转化。为此,高校应优化内部组织结构,改变官僚制权力结构,探索扁平化管理方式,包括强化学校顶层设计职能,精简中层管理体系并促使其向服务型行政转变;加强行政权力实施的专业化建设,确保高质量的行政服务;扩大院系在学科专业建设、人才队伍建设、财务管理等方面的主动权,在院系行动与顶层设计之间建立起直接联系,减少决策信息传递中的权力阻隔。近些年来,校院两级管理制度改革是现代大学制度建设过程中强化院系自主办学的重要设计。如上海交通大学自 2015 年开始探索"协议授权"改革,即明确校院两级权责清单,签订授权协议,使学校职能部门更加清晰自身工作的内容和边界,避免对院系办学进行过多干预,学院获得了更多自主办学空间,办学的活力和创造性得到激发。[①] 第二,院系需进行相应的组织优化,主要是构建知识创新与社会选择"双驱动"的学科建设模式,以知识创新来适应甚至引领社会发展,以社会发展推动知识生产方式变革和知识创新,使学科建设成为兼顾知识与社会双重逻辑的开放系统;要适应学科发展新模式,需在院系治理上培育具有学科和专业领导力、社会对话能力和协调能力的治理队伍,并建立敏锐的社会联动与应对机制,以实现内、外部权益的平衡。第三,推动院系学习型组织建设,引导教师成长为创业型个体。教师个体是高校的神经末梢,要通过赋权、赋能,唤醒教师内在的责任意识、进取精神和创新能力,从而积极并富有创造性地投入教学、科研和服务,并通过终身学习来不断增强自身的专业发展能力。从某种意义上说,创业型高校是创业型院系联盟,是创业型教师共同体。

(四)政府应改进治理方式,为创业型高校建设创设外部条件

其一,重建高校评价体系,引导高校主动向创业型组织转变。有什么样的评价,就有什么样的办学导向。"五唯"是高等教育评价量化模式和内向型思维的

---

① 上海教育.上海交通大学创新协议授权模式:深化校院两级管理体制改革[EB/OL].(2017-10-20)[2021-10-21].http://edu.sh.gov.cn/xxgk2_zdgz_jyxx_02/20201110/b5ab3bbbb42d474bb1c24c751f9cc68c.html.

集中反映,是高校低质办学的重要根源。要改变这种评价模式,以新的评价体系来引导高校主动增强智力服务能力、提高服务质量,首先政府要通过制度设计,将高校的智力服务的质量和贡献作为主要评价标准,引导高校为服务国家和地方战略需求提供实质性服务。例如,山东省实施高校专业建设同地方经济社会发展联动机制,即高校本科专业重点设置经济社会发展急需的、与社会需求结合度高的应用型本科专业,服务支撑动能转换、产业转型升级、培养引领未来技术和产业发展人才①,这就对高校提出了调整学科和专业布局、提升对接和服务能力的要求。其次,政府应尊重市场组织的评价主体地位,为市场组织切实参与高校办学和评价创造条件,使满足市场需求、服务经济社会发展成为高校办学的必然选择。2017 年 12 月,国务院办公厅在《关于深化产教融合的若干意见》中明确提出,在推进产教融合和优化高等教育供给侧结构性改革中,要"强化企业重要主体作用"。唯有在制度设计上保障行业和企业参与办学的权责,产教融合才能避免形式主义。最后,重视高校自我评价在整个评价体系中的基础性、主体性地位,引导高校在科学定位基础上建立个性化评价机制,强化发展性、增值性评价,将办学的根据由政策转向社会需要,依据社会所需来变革组织结构。此外,政府应深化院校分类管理,基于科学的高校分类方法,建立相应的院校评价方式,引导不同类型高校明确转型方向和发展方式。重建评价体系,使社会服务成为主动选择,高校才能主动谋求转型发展,因此,评价体系重建是构建高等教育强国的重要前置性条件。

其二,通过法治来深化管办评分离,强化高校独立发展能力。高校只有成为面向社会自主办学的法人实体,才具备通过向创业型组织转型来增强服务能力的战略主动性。正如克拉克所说,创业型大学是凭借自己的力量积极探索如何干事创业,寻求成为"站得住脚"的大学,能够按照自己主张行事的重要行动者。②独立法人权是高校办学自主权的基础性权力,在我国现代大学制度建设过程中,尤其在"管办评分离"改革中,高校获得了一定的自主办学空间,但高校要更好适应日益复杂的内外部环境,不断增强知识生产能力,还需要在资源与经费使用、学科和专业调整、人事任命和职称评定、科研与教学等核心领域具备更多自主

---

① 中华人民共和国中央人民政府.山东省高校本科专业设置对接新旧动能转换[EB/OL].(2018-05-21)[2022-10-21].http://www.gov.cn/xinwen/2018-05/21/content_5292419.htm.

② 张应强,唐宇聪.大学治理的特殊性与我国大学治理体系现代化[J].清华大学教育研究,2020(3):6-13.

权。然而,传统高校管理体制的路径依赖及行政权力的扩张本性,导致高校只具备形式上的法人地位,而无实质性法人权益。这就要求强化高等教育法治化建设,依法对各级政府的教育治理进行督导问责,确保权力调整落到实处,避免政府以行政意志为标准,在放权和收权之间过多切换。为此,必须在法律上明确高校与政府是"拥有同等法律地位的治理主体",两者间是平等法律主体的关系,这是认识和处理府学关系的重要基点;在进一步完善高等教育法规、强化高校自主权法定化的同时,要重视高校章程建设,尤其是要破除章程建设的形式化痼疾,探寻章程在依法治校中发挥实质作用的有效路径,例如,通过立法程序使章程成为行政规章,从而具备保障高校办学自主权和解决法律纠纷的足够法律效力。[①]高校自主权得到法律保护,能够自我发展、自我管理,是实现转型的内在必需条件。

六、结语

我国要推行高等教育质量战略,必须不断增强高校智力服务能力。在高校积极破除"五唯"的形势下,树立以高校智力服务为导向的质量观,引导高校强化贡献力建设,具有重要的认识论价值。如果说"五唯"造成了高校办学的虚空化,使得高校成为一个缺乏意义的存在,那么,强调智力服务则有助于促使高校积极面向社会需求,尊重生产实践,扎根大地办学。而要增强高校智力服务能力,就有必要推动高校向创业型组织转型,发掘其"学术创业资源特性和竞争优势"[②]。创业型高校能够主动根据社会需求来组织知识生产,立足于知识生产优势服务社会进步,并不断实现自我增值,创新创业成为大学的内在逻辑,质量成为其自觉追求,这将改变长期以来高校在权力与利益等外部诱逼下被动办学的模式。总之,创建创业型高校是提高高校智力服务品质的内在需要,是实现高等教育内涵式发展的重要步骤。

① 伯顿·克拉克.建立创业型大学:组织上转型途径[M].王承绪,译.北京:人民教育出版社,2007:1-2.

② 杨尊伟.美国研究型大学学术创业资源特性与竞争优势分析:麻省理工学院和斯坦福大学案例研究[J].济南大学学报(社会科学版),2021(4):142-150.

The Transformation of Entrepreneurship Organization Paradigm in Universities Reform Under the Perspective of Intellectual Service
—— An Important Dimension of Breaking the "Five-only" of Colleges and Universities

Zhang Jiming

(Institute of Higher Education Research,Jinan University,Jinan 250024)

Abstract：Social service is the organizational characteristics and original mission of colleges and universities, and the construction of higher education quality must be based on the constant enhancement of intellectual services in colleges and universities. However, in fact, the higher education management mode marked by the"Five-only"hinders the improvement of colleges' intellectual service ability and its effectiveness. Therefore, breaking the"Five-only"is a necessary step for the quality construction of colleges and universities and the implementation of the national strategy for higher education quality. To this end, it is necessary to establish the university values and school-running model of"practice social mission through intellectual service". Adapting to this value and the requirements of the school mode, entrepreneurial college is an important reference for the paradigm shift of colleges and universities in China. To realize the transformation of the university paradigm, it is necessary to reshape the academic view and university view based on the"public implements", to rebuild the university evaluation system and guide universities to actively carry out organizational transformation, to promote the separation reform of teaching, management and evaluation in accordance with law and implement the status of independent legal persons in universities and give them full power for independent development.

Key words：five-only; higher education quality; entrepreneurial college; paradigm of colleges and universities; intellectual service

后真相背景下大学生网络议事的
现状分析及其进路探讨[*]

孟 玲[**]

（厦门理工学院 国际教育学院，厦门 361024）

摘 要：大学生网络议事是指大学生基于网络对事件进行关注、转发、评判及表达自我情绪的行为。后真相背景下，真相被解构，情感和观点重塑事实，网络信息生态变革对大学生网络议事产生深刻影响。本文以调查问卷为基础，对当今大学生网络议事现状特征进行分析研究，进而根据谋事→育人→立制的对策思路探讨相应的应对对策，提出增强主流媒体舆论导向作用，强化网络信息平台情感育人黏性，提升大学生价值理性水准和提升大学生媒介素养等发展进路。

关键词：大学生；网络议事；现状；进路

当代大学生网络议事热情高涨，线上议事发表言论频繁，成为现代大学一种不可忽视的现象。后真相背景下大学生网络议事的现状如何？具有哪些特征？如何看待其发展进路？这些高等教育面临的新问题有待得到回答。本文在调研的基础上，进行相关分析和探讨，以期为大学在这一方面优化管理与服务提供有益参考。

一、相关概念简述

"后真相"（post-truth）一词，最早源于美国剧作家史蒂夫·特西奇（Steve Tesich）1992 年发表在《国家》杂志上一篇文章中。文章指出，在水门事件、伊朗

---

* 基金项目：2021 年度教育部人文社会科学研究专项任务项目课题(21JDSZ3156)。

** 作者简介：孟玲(1985—)，厦门理工学院国际教育学院讲师，研究方向为思想政治教育、教育与文化传播。

门事件、海湾战争中,政府不断操控媒体并封锁坏消息,而民众则从中尽力辨别真伪,自觉或不自觉地在后真相(post-truth)的世界里生活着。[①] 2004年,美国传播学者拉尔夫·凯伊斯(Ralph Keyes)提出并阐释了"后真相时代"的概念。他认为,后真相时代是"模糊的陈述,模棱两可将成为未来一种新的真实观[②]"。"后真相"一词真正进入公众视野是牛津词典于2016年所评选出的年度热词,用来指代诉诸情感与个人信念往往比阐释客观事实更能影响舆论的现象,其产生的政治背景是2016年特朗普当选美国总统和英国脱欧公投等黑天鹅事件的出现。随着时代发展,"后真相"现象已不再局限于西方政治领域,而是扩展到全世界各个行业,尤其突出表现于自媒体等新生代带来的网络信息生态变革。[③] 在网络传播中,海量信息鱼龙混杂,事实的传播往往夹杂着个人的情感和立场。"如果说真相是现实空间真实社会现象的代名词,那么'后真相'则可以理解为事实、宣传、谣言、怀疑、线索、希望和恐惧的混合体,其繁杂和无章可循令人瞠目结舌。"[④]网络生态中随之出现了情感与价值偏向,信息真假互相渗透,舆情反转频发,舆论被激情操控等种种巨大变化,以"真相让位于情感"是"后真相"最主要的特征。尽管这种现象由来已久,但它从未像今天这个时代一样如此显著、有标志性、有影响力、有关注度,以致被称为"后真相时代"。

本文所称的"大学生"专指本科高校在校本科生,不包含在校的研究生和大专生,庶可"窥一斑而知全豹"。大学生网络议事是指大学生基于网络对事件进行关注、转发、评判及表达自我情绪的现象。相比传统的面对面或线下聚会议事,网络议事不受时空限制,生成快速、传播迅捷。作为网民的主要群体,大学生不可避免地受到"后真相"带来的一系列相关影响,显现出有别于一般社会网民的比较突出的现状及特征。

互联网日益成为意识形态的主阵地、主战场、最前沿,因此有必要以科学、理性的视角分析"后真相时代"背景下大学生网络议事的现状、特征并提出发展进路建议,这对于推动高校提升网络思政教育质量,做好网络思政育人工作,具有

① TESICH S.Post-truth and its consequences:what a 25-year-old essay tells us about the current moment.[J].The nation,1992,6(13):12-13.

② KEYES R.The post-truth era:dishonesty and deception in contemporary life[M].New York:St. Martin's Press,2004:46.

③ 田凤.后真相时代教育舆情研究[J].华东师范大学学报(教育科学版),2022,40(3):30-39.

④ 陈力丹.真相:信息超载时代如何知道该相信什么[M].北京:中国人民大学出版社,2014:1.

一定的理论意义和较强的实践价值。

二、现状调研及特征分析

为更好地了解"后真相"背景下大学生网络议事的现状,笔者以福建省5所高校本科生为调查对象,于2022年3月1日至20日,通过"问卷星"系统进行在线问卷调查,共发放1000份问卷,其中有效问卷898份。参与调研对象中一年级239人,二年级228人,三年级207人,四年级224人。其中中共党员76人,共青团员639人,群众183人。文科类专业学生占57.13%,理科类专业学生占42.87%。经过数据统计中反映的集中趋势和离散趋势进行描述性分析,调查分析结果具有一定的代表性。当然,本文样本仅选取一个省域,在广度上存在不足,故本文辅之以对生源地来自不同省份的48名不同年级的大学生进行质性访谈,以求一定程度上弥补采样可能出现的问题。

大学生网络议事的现状及其特征大体可分为以下四种情况:

(一)参与活跃程度较高

在调查中,所有学生都能熟练应用微信和QQ;48.6%的学生对未涉及的新技术新领域信息更有兴趣;85.6%的学生表示乐意在QQ空间或者微信朋友圈发布自己的动态,表达个人观点或转发新闻;61.3%的学生有自己的微博账号,会发布视频、图文等信息;58.3%的学生曾发布抖音作品;61.3%的学生下载了今日头条、知乎等App,并时常关注更新消息。同时调查发现,大学生群体思想解放,年轻活泼,网络议事热情较高,有较强的网络议事表达欲。95.8%的学生会为朋友圈的议事内容点赞或者点评;56.2%的学生参与过网络投票或者接力活动。在网络中进行信息共享、活跃互动和情感交流已成为大学生们社会交际不可或缺的内容(如图1所示)。上述表明,大学生极易在网络上自主选择发布帖子并在人数众多的朋友圈等群体互动中形成一定影响。

相较于社会其他群体而言,大学生群体更乐于和善于学习新事物新技术,对新媒体技术运用水平始终走在前列。目前流行的网络交流平台与媒介丰富多样,由于其传播快捷、交流互动方便而广受大学生欢迎。在后真相背景下,可资议论的事件如潮似涌、此起彼伏,活跃地利用网络新媒体技术进行信息传播,已然成为大学生日常生活相当重要的一部分。因此,参与活跃度较高,成为大学生网络议事最为显著的踊跃特征。

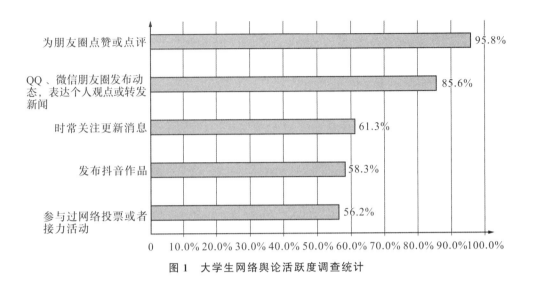

图1　大学生网络舆论活跃度调查统计

(二)群体同质而引发共鸣较多

调查显示,全部学生都有加入班级 QQ 群、宿舍微信群;95.8％的学生会关注学校官方论坛及各类学生会、学生社团的网络信息。学生议事频繁的网络社群主要有宿舍群、楼栋群、班级群、活动小组群等,群体中的成员在社会经验、成长经历、知识储备、心理需求等方面存在较高的相似度。在这些常用网络社群的讨论中,对学生影响比较深刻的人物除了教师之外还包括班长、团支书、社团负责人、舍长等学生代表。调查显示,85.4％的大学生在自主加入的网络社群中以个人兴趣为主要选择标准,76.5％的大学生感受到被系统自动推送的信息所包围,86.4％的大学生在二次传播信息时会只选择自己认同的观点。

与社会其他群体相比,大学生群体中的个体之间具有较强的相近性,他们具有相近的学缘、地缘或者趣缘,以宿舍为单位生活、以班级为单位学习,互相之间交往时间长、交流机会多,从而在网络上凝聚抱团,极易形成共鸣。经验与能力尚不完备的大学生面对现实生活中学业、情感、就业、疫情防控和校园生活等多方面的压力,容易形成焦虑和自我身份认同的危机。在技术赋权下的"后真相"时代,大学生网络议事往往围绕着社会热点和个体关切的细节点滴而展开讨论,潜移默化地彼此影响。此外,在媒体新技术浪潮的裹挟下,大数据算法可以根据用户个人的个性偏好进行定向推送,这种看似智能化、个性化的服务实则是将信息筛选过滤,使用户很大程度上只能接受固定单一的信息,于是各个信息群体被无形封闭起来,沉浸在狭小的"信息茧房"中,沉醉在熟悉的"回音壁"旋律里。正如凯斯·桑斯坦所言:处于"信息茧房"中的人虽然只是站在"自我束缚的阳台"上,但他们仍然相信自己看到了整个世界。[①] 现实表明,大学生在微博、微信、抖音等平台上便捷地连接成一个个社群,越来越多的大学生倾向于在自己熟悉的圈子中获得信息、寻求精神支持。因此,大学生个体性的网络诉求表达往往会演变成群体的共同意志表达,于是群体同质而引发共鸣成为大学生网络议事较为突出的互动特征。

(三)传播情绪化的情形时有发生

调研表明,91.1%的学生表示"网络信息的真实性并不可靠";76.7%的学生的表示"网络谣言的危害很大,不会轻易转发网络信息";82.6%的学生表示会警惕"网络暴力"的产生。大学生群体普遍有较高的思辨能力和科学意识。但值得注意的是,在接收信息时,84.3%的在校高校生浏览一则新闻时间不超过30秒;74.6%的学生表示会更关注引起情感共鸣的新闻与评论;65.9%的学生选择流量热搜作为关注新闻、评论的来源;68.7%的学生看到评论性的帖子会选择跟帖;55.4%的学生选择信息时倾向"有图有真相"或者"视频证明在场";58.7%的学生会被新鲜有趣的标题所吸引。同时,大学生在网络社交中重视自我表达与自我展示:78.3%的学生愿意在网络中表达自己的立场;74.6%的学生希望获得他人的快速点赞和及时回复;45.3%的学生在跟踪网络热点事件时更关注跟帖评论区的评论内容,认为网友的个人立场与情感表达更有吸引力;13.5%的学生网络评论的原因是基于发泄情绪,在网络评论中表达比其个体日常生活中更为偏激的言语(如图2)。

毋庸置疑,血气方刚、阅历不足、经验较少,对新鲜事物充满好奇,对未知领域渴望探索,是大学生群体的基本特质。出于对自身"智力上的好奇心"或为了寻求"情感上的支持和友谊",人们通常会在群体中寻找答案获得慰藉[②],情感在信息交流中扮演着至关重要的作用。与同龄人相比较,大学生具有更多科学文化知识储备,对于网络信息也更加能从自身认知结构中自觉认可辨别事实的重

---

① 凯斯·桑斯坦.网络共和国:网络社会中的民主问题[M].黄维明,译.上海:上海人民出版社,2003:6-10.

② 道格拉斯·肯里克,史蒂文·纽伯格,罗伯特·西奥迪尼.西奥迪尼社会心理学:群体与社会如何影响自我[M].谢晓非,等译.北京:北京联合出版公司,2017:315.

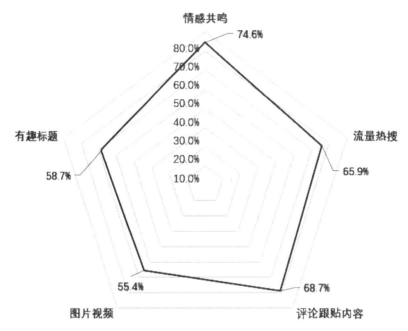

图 2　大学生网络信息关注倾向调查统计

要性。但调查同时发现,在海量信息的冲击下,碎片化真相不断挑战大学生理性思辨能力。精读与深度思考成为奢侈、快餐式、碎片化的信息猎取无形中造成学生不求甚解的认知习惯①。相较于传统的严肃的历史书写,情感丰沛的大学生个体面对形式多样的网络信息时,随笔、日记一类的个人观感更易于被他们接受,视频影像和夸张的标题更易于吸引他们的眼球,冲动之下随心跟帖表达不在少数。在后真相背景下,部分真实与全面真实、过程事实与结果事实以及子虚乌有和铁证如山交错出现,扑朔迷离难以区分。在这种情况下,一些大学生往往仅仅依据虚拟的数字世界中获得的碎片化信息做出判断,忽略了现实实践的深入体验和对事件全过程的追问思考。于是,在网络舆论场中传播情绪化的情形时有发生,这是大学生网络议事值得关注的传播特征。

(四)价值多元而有所困惑的状况令人瞩目

相较于社会普通群体而言,青年大学生具有比较强烈的爱国热情,对国家、

---

① 刘世玉,孙珺雯."后真相"时代的大学生微信素养:内涵、现状与提升策略[J].当代青年研究,2021(4):12-17.

民族具有较高的政治认同感。调研表明,93.8％的学生关注并转发释放正能量的舆论信息,特别是在涉及国家主权、民族利益等重要事件或重大灾难面前,大学生的政治认同感尤为明显;95.6％的学生为新冠肺炎疫情防控期间中国政府的抗疫工作加油点赞;87.8％的学生关注中国共青团等中央主流媒体公众号;67.2％的学生关注学校官方媒体主题推送。由此可见,在校园思想政治教育下,大多数大学生具有正确的政治立场,有较强的民族自豪感和制度认同感。但是,在后真相背景下,由于网络的随意性和多元性,大学生同时受到五花八门的思想的迷惑。85.6％的学生表示没有能力区分网络信息中各类新闻、科学研究和赞助广告的真假;44.5％的学生表示无法认清社会报道类网络信息中所隐藏的政治偏见。在群体心理"责任分散"效应影响下,也有部分大学生利用网络的匿名性将网络空间作为自我情绪的宣泄口,或者站在道德高点对他人进行道德审判。例如,调研数据显示,9.2％的学生对网络中反映社会不公、贪污腐败等负面新闻报道会产生价值扭曲和心理失衡而进行极端评论;36.1％的学生对网络上恶搞戏谑主流权威的行为表现冷漠且不会公开反对;46.3％的学生在对现实不满时会选择伪装身份后在网络上进行情绪宣泄(如图 3、图 4 所示)。

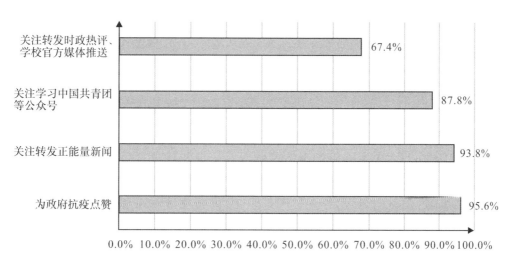

图 3　大学生网络政治认同感调查统计

　　"后真相"时代特色显示的是"片面真相、主观真相、人造真相和未知真相"[①],在这一背景下,全媒体融入网络信息传播,包含各种意识形态和不同价值观念的

---

　①　赫克托·麦克唐纳.后真相时代[M].刘清山,译.北京:民主与建设出版社,2019:19-20.

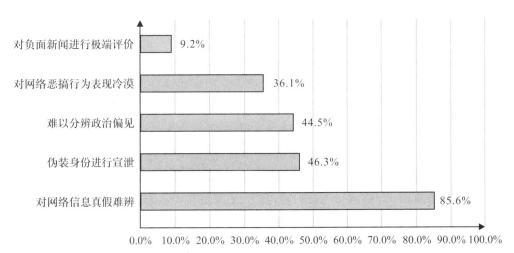

图4 大学生网络价值多元状况调查统计

信息在网络中竞相涌动。在"人人都是麦克风"的情境中,人人皆可对事实进行解读和报道,非理性的情绪宣泄和煽动激情的道德审判往往比理性客观的事实陈述更受人瞩目。因此,"事实真相"变成"情感认知",在主观作用下被"选择"、"加工"甚至"反转",使得一些大学生对真相事实反应淡漠,并对原有的价值判断产生怀疑。此外,网络空间民粹主义、价值虚无主义、历史虚无主义、佛系文化与"丧"文化巧妙地伪装成为各种娱乐化、戏谑化的信息在网络空间四处渗透,对主流意识形态权威形成威胁。[①] 在网络盛行之前的单一信息传播固然有其历史局限性,但网络时代信源权威的消解引发大学生网络议事复杂发展,的确是大学生网络议事中价值选择上的多元特征。

通过上述对大学生网络议事的调研内容呈现和特征分析可知,正处于世界观、人生观、价值观形成关键时期的大学生群体,不断受到"后真相"背景下虚假信息、非理性、思维固化、民粹主义和娱乐化、消费化等冲击和影响,在一定程度上导致了他们的网络议事行为具有比较明显的二重性,即:普及性与活跃性俱在、个体性与群聚性同生、思辨性与情绪性共存、向心性与离散性并立。大学生网络议事现状的背后包含了客观和主观、正面和负面、反转再反转等繁杂因素,大学生网络议事态势既有向良性优化引导的多种可能,又有向无序混乱发展的潜在危险。换言之,相较于传统媒体传播时代下的社会普通群体,后真相时代频

---

① 罗红杰."后真相"视域下社会思潮的多元样态及其应对策略[J].理论导刊,2020(5):102-106.

频出现真假混淆、情理倒序以及权威消解等现象,使得大学生网络议事发展面临新的挑战。在肯定大学生网络议事主流是积极向上的同时,我们有必要清醒地分析当前大学生网络在"后真相"背景下面临的新情况和新挑战,探讨有用有效的应对策略。

三、谋事、育人和立制的进路思考

习近平总书记在全国高校思想政治工作会议上强调:"做好高校思想政治工作要因事而化、因时而进、因势而新。"①后真相时代大学生网络议事作为高校思政工作的一项前沿课题,有其鲜活的特征和不可小觑的挑战。然而,后真相背景下带给大学生网络议事的影响并非一概消极,而是正面与负面同在、挑战与机遇并存。面对大学生网络议事的新特点新问题,既要"负面应对"又要"正面引导",应注重以生为本,聚焦问题,明晰谋事→育人→立制的对策思路,其中,增强主流媒体舆论的导向作用指向谋事,强化情感育人的黏性、提升大学生价值理性水准和媒介素养指向育人,健全高校网络信息传播治理体系指向立制。

(一)求真彰显效能,增强主流媒体舆论导向作用

在后真相浪潮下,传统媒体的主体地位面临"全民记者"的多元化挑战。习近平总书记指出"做好网上舆论工作是一项长期任务,要创新改进网上宣传,运用网络传播规律,弘扬主旋律,激发正能量,大力培育和践行社会主义核心价值观,把握好网上舆论引导的时、度、效,使网络空间清朗起来"②。因此,高校主流媒体必须主动作为,牢牢把握舆论阵地的制高点。本文的调研数据显示,在学生入学之初,通常会第一时间关注学校官方微博、微信公众号,浏览学校学院的官网等,以期获得学校的更多信息;有95.1%的学生在接到录取通知书后就会主动搜索加入学校的新生QQ群,关注学校的社团"大V",在网络社交平台进行交流。值得注意的是,高校官网相较于微博微信在大学生网络议事的影响力稍显薄弱,相关网络议事平台建设仍存在不足。虽然各个高校都设立了自己的网站,但大多数网站功能局限于官方信息的发布,尤其是高校下属学院系部等二级单位的

---

① 习近平在全国高校思想政治工作会议上强调:把思想政治工作贯穿教育教学全过程,开创我国高等教育事业发展新局面[N].人民日报,2016-12-09(1).
② 习近平谈治国理政[M].北京:外文出版社,2014:198.

网站建设颇显乏力,从形式到内容都比较呆板陈旧,对学生用户缺乏吸引力,导致官方网站用户黏性不够。在学生遇到危机事件或者陷入困惑时,他们更期待来自官方媒体的信息能及时澄清事实,给予价值评判。由此可见,高校的主流媒体是否能够勇立潮头,以真实的优质的信息内容满足用户需求显得至关重要。对于学生的意见表达要建立畅通的反应机制,不断提高高校治理现代化水平,在第一时间公开透明地解释、澄清、公布真实信息远远比简单粗暴地删帖封号更利于大学生网络议事理性可控。显然,在后真相背景下,在大学生网络议事个体参与活跃度较高的情势下,高校主流媒体要更加接地气,通过挖掘学生喜闻乐见的信息形式,及时公布真相,化被动为主动,用更有温度更有格调的网络表达吸引人打动人,以求构建最大共识,有效深化主流价值认同,营造大学生网络议事的良好生态。

(二)积极主动应答,强化网络信息平台情感育人黏性

面对后真相时代"真相让位于情感"的特征和大学生网络议事纷繁的局面,高校要主动创建交流平台,重视情感赋能,保护学生参与议事热情,积极回应学生关切的信息,将个人议事纳入公共事务管理议程当中,公平公正透明理性地行使行政管理权利。各高校目前不仅有官方网站,也相继开通了官方微博、官方微信公众号和抖音等账号。这些新媒体不再用居高临下的姿态面对用户,内容也不仅仅限于信息发布,而是包含着情感凝聚力建设,与普通师生互相平等尊重地交流沟通,以此提升学生用户对官方平台的使用黏性。[①] 例如,福建某高校的官方微信公众号"e起来",它有效地实现网络信息的聚合与共享,每周推送不断线,推送素材都来源于校园师生密切关注的新闻信息。交互社区"小吐槽"板块秉承"每一个声音都值得认真听取,每一个诉求都需要放在心上"的情感育人理念,紧紧围绕校园生活,服务学生日常生活。板块讨论中不设议事门槛,学生可以自主发表合法性诉求。教师积极参与交流平台、主动聆听学生心声,他们既为良师亦是益友,在跟帖评论中以理服人、以爱感人。通过真情实感的投入、润物无声的教育,"e起来"成为全员育人机制的重要抓手,实现了思政教育从学期到假期、从校内到校外的无缝衔接,公信力和影响力不断加强。

---

① 周源源.“后真相”现象下的大学生思想政治教育[J].人民论坛,2019(13):118-119.

(三)培育认知内涵,提高大学生价值理性水准

面对百年未有之大变局,要破解后真相时代价值取向多元化对大学生网络议事的不利影响,其根本还是要培养大学生树立正确的世界观、人生观、价值观,增强大学生对社会主义核心价值观和中华优秀传统文化的深度认同。上好思政课是筑牢校园宣传教育的主阵地,思政课堂要超越传统的灌输式说教,可以结合灵活多变的形式对时事政治、社会热点、网络头条进行对话分享,增强思政课堂的亲和力和吸引力。同时,要加强"课程思政"的覆盖面和有效性,专任教师在"科学精神""工匠精神"等方面的言传身教对大学生提升价值理性水准具有潜移默化的重要影响。针对大学生在新闻舆论中受后真相影响出现的价值困惑,教师有必要及时做出调整,与时俱进,通过科学、正向地解读信息,使学生能够坦然面对不断反转的新闻事件,将探寻真相的过程转变为提升自身价值理解的契机。[①] 校园要营造健康向上的校园文化,在积极丰盈的文化浸染下提升大学生价值理性水准,帮助学生将社会主义核心价值观"内化于心,外化于行",从而在繁芜错杂的后真相现象中,辨明方向,主动抵御各种错误思潮的干扰。此外,基于大学生的群聚性,学校需注重发挥高校辅导员作为一线思想工作者在及早发现舆情、准确处置舆情中所发挥的关键重要作用。辅导员通过深入学生班级、宿舍的细致工作可以了解学生真实想法,及时把握学生思想动态,精准有效地对学生进行心理疏导和认知重建,从而有效避免或化解网络议事引发的舆情。

(四)明理力行合一,提升大学生媒介素养

媒介素养是指人们面对媒体各种信息时所具备的各种能力,如选择、质疑、思辨、评估、创造和生产等。随着数字媒介的迅速崛起,社交媒体的蓬勃发展深刻地影响着大学生网络原住民的思考方式和行为方式。面对后真相时代真假混杂、情理倒序等挑战,大学生媒介素养的提升亟待重视。就方法论而言,"他山之石,可以攻玉",参考借鉴世界上一些大学的做法,我国大学生媒介素养教育亟须迎头赶上。以哈佛大学为例,早在 1993 年该校就主办了美国第一家媒介素养教学研究所。随后,越来越多的大学设立了媒介素养学位。2003 年美国媒介素养中心研究提出:媒介素养为 21 世纪的一种教育取向,它为获得、分析、评价和创作各种形态的咨询提供一个框架,也为公民提供质询和自我表达的基本技能。

---

① 吕羚.如何让核心价值观内化于心[J].人民论坛,2017(31):248-249.

2010年,为迎接新媒体技术带来的新问题,《数字媒介素养行动计划白皮书》发出了提高全民"数字媒介素养"的倡议,包括培养提升"所有认知、情感和社会能力,涵盖使用文本、工具和技术,批判性思维和分析的技巧,信息构成和创造力的实践,参与反思和道德思考的能力以及通过团队合作和协作积极参与"[①]。相较之下,国内高校缺乏面向学生的网络素养专业培养体系建设。因此,确有必要逐步探索设立完备的大学生媒介素养课程体系,培育技能过硬、经验丰富的师资力量,加大网络素养实践基地建设。大学生通过系统学习媒介素养课程,深入实践网络媒体的经营管理,深层剖析媒介背后所隐含的运作流程,从中增强自身的思辨能力,自觉建构个人媒介创作与表达的规则框架,从而获得对媒介在社会角色中的理性认知。

(五)遵循共治逻辑,健全高校网络信息传播治理体系

互联网信息量大、传播速度快,加之匿名性和虚拟性的特点,不良舆论、虚假有害网络信息的散布给大学生思想认知带来极大冲击,使得网络信息的监督管理任务艰巨。网络不是"法外之地",加强网络舆论监管已达成共识。我国近年来出台了一系列相关法律法规,如《中华人民共和国网络安全法》《互联网跟帖服务管理规定》《网络信息生态治理规定》《互联网用户公众账号信息服务管理规定》等。[②] 国家网信办相继开展一系列的专项行动以加强依法治网。2022年3月,国家公布"清朗"系列专项行动十大重点任务,重点打击网络直播、短视频领域乱象、MCN机构信息内容乱象、网络谣言等各种网络乱象。但是由于网络信息技术的迅速发展和瞬息万变的舆情演化,相关法律法规尚需不断完善。面对层出不穷的新问题,高校网络信息管理需要进一步建立健全管理机制,做到依法监督、严格监管,维护校园网络环境风清气正。[③] 在国家相关法规的规范下,高校可加强网络实名认证,加强对网络话语的信息筛选,对不实言论和虚假信息在源头上进行清理。同时,"一方面,行为模式的一致性是社会秩序的基础,另一方

---

① 汪怀君.后真相时代美国数字媒介素养教育研究[J].比较教育研究,2019(8):11-19.

② 吴璇,谢庆裕,杨世华.网民网络表达理性客观 对观点盲目跟风较少[N].南方都市报,2021-08-30.

③ 高洁."后真相"引发学生价值判断的困境及教育的应对[J].国家教育行政学院学报,2021(1):76-84.

面,社会思想的多元化是出现和活力的来源"①,高校要着力通过公平正义的程序来消解分歧与共识之间的张力,从而求得一致性和多样性的有机统一。换言之,高校既要建立畅通的信息沟通渠道,又要健全涉及软硬件管理制度的建设,遵循共治逻辑,实现综合全面的网络信息传播治理体系。

要而言之,后真相时代大学生网络舆论是群体心理和技术赋能的综合产物,具有相对错综复杂的特征,成为新时代高校必须予以高度重视的一项体系化工作。我们要正视、研究网络信息生态变革给高校带来的各种新情况、新机遇和新挑战,探索行之有效的应对策略。

Current Situation Analysis and Guidance Optimization of College Students' Online Discussion under the Background of Post-Truth

Meng Ling

(Xiamen University of Technology Fujian, Xiamen 361024)

Abstract：College students' online discussion refers to the behavior that college students pay attention to, forward, judge and express their emotions on the Internet. Under the background of post-truth, truth is deconstructed, emotion and opinion reshape the fact, and the transformation of network information ecology has a profound impact on college students' online discussion. Based on the questionnaires, this study tries to analyse the status quo and characteristics of college students' online discussion, and explore corresponding countermeasures. In this regard, the possible access to optimize college students' online discussion can be realized by further enhancing the guiding role of mainstream media public opinion, strengthening the emotional stickiness of users on network information platforms, improving the value and rational level of college students and promoting college students' media literacy.

Key words：college students;online discussion;status que;access

---

① 宋方青.践行全过程人民民主理念 完善民主立法体制机制[N].民主与法制时报,2022-06-21.

国际与比较高等教育

美国社区学院的利弊分析

万毅平[1,2]　唐旻丽[1*]

(1.湖南文理学院,常德 415000;2.曼哈顿维尔学院,纽约 10500)

摘　要： 美国社区学院是经常被忽略的存在,而这些社区学院恰恰是美国高等教育最成功的组成部分。新冠肺炎疫情带来了许多新的挑战,仔细研究探讨社区学院可能会给世界各地特别是中国教育界的同人们带来新的思路。本文的理念框架由以下四个部分组成:(1)水桶短板原理;(2)有教无类的哲学理念;(3)活到老学到老的行为方式;(4)水库的特殊功能。本文将围绕着这个理念框架着重探讨社区学院的发展过程,通过焦点小组访谈和个别采访,对美国社区学院的特点进行归纳和探讨,同时将社区学院面临的挑战以及可能的应对提出建议。用水库的特殊功能来展示社区学院的与众不同之处是本文的独特贡献,因为水库的排涝(解决失业带来的巨大社会压力)抗旱(为就业市场提供各种各样的人才,特别是技工类型的短缺人才)功能唯有美国的社区学院具备。除此之外,社区学院还是各种娱乐休闲活动中心,同时还具备源源不断向四年制的本科院校输送毕业生的重要作用,课程设置方面的无缝连接更值得称道,博雅教育与四年制院校几乎一样,但是美国社区学院在重视博雅教育的同时更注重工匠教育,从制度上保证了活到老学到老和终身学习的教育理念能够得到实施。

关键词： 美国社区学院;终身教育;开放入学;课程设置;博雅教育

一、问题的提出

众所周知的美国目前的第一夫人吉尔·特蕾西·拜登(Jill Tracy Biden)是美国建国以来所有第一夫人当中屈指可数的高学历者之一,拥有学士、两个硕士

---

　*　作者介绍:万毅平(1954—　　),湖南文理学院特聘教授、美国纽约曼哈顿维尔学院终身教授,曾任美中教育联合会常务委员会主席,研究方向为美国高等教育管理与实践研究;唐旻丽(1977—　　),湖南文理学院副教授,国际合作与交流中心主任,研究方向为高等教育国际交流与合作研究。

（分别是文学硕士和教育硕士），以及教育博士学位，而且是唯一保持全职工作的第一夫人。吉尔·拜登出生于 1951 年 6 月 3 日，出生地点是美国新泽西。她的博士论文答辩成功是在 2006 年，也就是她 55 岁那一年，博士论文的标题是《通过满足学生的需求来保证社区学院的学生不辍学》（*Student Retention at the Community College: Meeting Student' Needs*）。年过古稀的她担任教职时间最长的工作单位分别是特拉华技术社区学院和北维吉里亚社区学院。毫无疑问，美国总统和第一夫人不缺钱，第一夫人原本就有很繁忙的事务需要料理，在吉尔·拜登博士之前的所有美国第一夫人都没有保留她们原先从事的其他工作，比如大名鼎鼎的希拉里·克林顿和米歇尔·奥巴马，她们两位均有法学博士学位，但是担任第一夫人后均辞去原先报酬丰厚的职务，全心全意辅助担任美国总统的丈夫打理白宫的事务。美国前总统小布什的夫人以前是学校图书管理员，她也辞去心爱的工作，辅佐她丈夫。美国第一夫人自己没有薪水，但是美国第一夫人办公室有正式编制，所以可以雇佣下属协助工作，这些下属包括白宫社交秘书、幕僚长（办公室主任）、新闻秘书、首席花艺设计师以及白宫行政总厨。美国第一夫人办公室负责白宫的社交和礼仪活动，是美国总统行政办公室的一部分。美国第一夫人办公室（Office of the First Lady of the United States）相对独立，第一夫人办公室的所有雇员均是美国第一夫人自己亲自挑选。吉尔·拜登博士之所以选择继续全职工作的主要原因就是她对教育事业的热爱；更准确的表达是源于她对美国社区学院的热爱。所以，本文试图通过对美国社区学院的利弊分析，全面阐述其特色和重要性，以期达到"他山之石，可以攻玉"的目的。

二、分析框架与研究设计

（一）本文分析框架

美国高校每年招收的国际学生多年来一直遥遥领先，独占鳌头。所以海内外的学人和平民百姓对美国的研究型大学都比较了解，然而对美国的社区学院却所知甚少。根据笔者在美国高校工作 30 多年的观察和研究，美国的教育体系最值得称道的然而大众了解甚少的美国的社区学院教育和特殊教育。由于缺乏关注和研究，竟然找不到理想的理论框架。笔者选择理念框架来阐述相关的一些理念，期待着有更多的学者进一步完善和发展，通过实证研究，最终发展成理论框架。本文的理念框架包括以下几个组成部分：（1）水桶短板原理；（2）有教无类的哲学理念;(3)活到老学到老的行为方式;(4)美国社区学院的特殊功能——水库功能。

1.水桶短板原理

如果木桶的组成板块有高有低,木桶能够装多少水,取决于最低的那块板,而不是最高的那块板。推而广之,一个社会的文明程度取决于该社会对弱势群体的关注和支持。弱势群体是指在社会生产生活中由于群体的力量、权力相对较弱,因而在分配、获取社会财富时较少较难的一种社会群体。现代国家,一个健康的社会,其法律制度、教育立法和公共政策的制定都必须从人文关怀的角度出发,用完善的社会保障制度来保护弱势群体。美国的社区学院主要就是为弱势群体服务的。

2.有教无类的哲学理念

教育是重新分配财富的公平手段,教育是为了让每个人发掘自己的潜力成为能够为自己为家人为社区提供服务的公民。教育是通往成功的最佳途径。就一个社会的稳定和发展而言,教育的重点应该放在弱势群体方面,将弱势群体逐渐推向中产阶级,而中产阶级的部分也会因为天时地利人和进化为社会精英。免试入学显然能让弱势群体获益,体现有教无类。没有年龄限制充分体现了活到老学到老的理念。好的教育不仅需要传授知识和技能,更要让学生学会独立思考、理性思维和辨别是非的能力,能够胜任某一学科和职业,更能薪火相传、不断改进更新,推动社会进步和公平,这才是理想的教育。美国社区学院同中国相近的地方,当然最接近的是职业学院和开放大学,其实,美国的社区学院是中国职业学院和开放大学再加上老年大学和补习班结合在一起,另外再加上一个独特的优点,就是它可以允许每个学生自由发展,想要继续深造的几乎都可以转学到4年制本科院校,公立私立大学都可以,不需要任何人的批准。这个在中国实现的可能性很小。

3.活到老学到老的行为方式

进入21世纪,知识和技术更新速度大大加快。就如同大家耳熟能详的各种网络平台和平常使用的手机、电脑一样,隔三岔五就更新换代了。手机的5G时代更是明显的例证。而大部分国家的教育体制却依然因循守旧,无法适应时代的发展。大部分人熟悉的精英教育同活到老学到老的新时代生活行为方式是格格不入的。精英教育在中国就是20世纪90年代扩招之前的高等教育,千军万马过独木桥;大众教育就是扩招后的中国高等教育;普及教育就是最近两年大量技术学院和独立学院转型,使更多的人能够接受高等教育。美国的精英教育转向大众教育始于二次世界大战结束,也就是 20 世纪 40 年代中期,而普及教育在 20 世纪 60 年代就开始了。

有关美国社区学院的特殊功能——水库功能,将放在后面讨论。

(二)研究设计和数据分析

本文的研究方法设计为解释性调查(interpretive inquiry),以访谈为主要采集数据手段。[①] 访谈以焦点小组(focus groups)的形式进行,佐以个别访谈来确认答案的准确性。这项研究同时参考并应用了现象学研究方法(phenomenological approach),在探索问题的同时试图解释围绕研究所考察的现象的"日常经验"。解释性调查与现象学研究都属于定性(质化)研究设计(qualitative research design),定性研究能够帮助我们全面了解有关美国社区学院这一客观存在现象以及存在的原因,通过采访研究参与人员、通过对有关文献的综合,从而得出美国社区学院的特点以及各种利弊。当然,文献综述是必不可少的。

焦点小组是一个有代表性的群体,由被问及对美国社区学院的看法、教育特色、课程设置、特点及存在的问题和挑战的看法的人组成。焦点小组一般由 6 到 10 人组成。本文选取笔者教学的两个博士研究生班作为采访对象,利用两次同社区学院相关的博士论文开题答辩的平台,使用半结构式访谈问卷和开放式问题了解美国社区学院的全貌。一共有 14 个博士研究生回答了各种问题,另外有 4 位以前或者现在还在美国社区学院任教的资深教授帮助我分析并进一步诠释一些我有疑惑的问题。14 个博士研究生当中,4 人是现在任职于美国社区学院为中层管理人员、6 人为美国社区学院全职或者兼职教员、2 人是 4 年制私立文理学院接受社区学院转学的管理人员,还有 2 人是 4 年制州立大学接受社区学院转学的教学人员。4 位资深教授当中的一位拥有哈佛大学博士学位、一位拥有加拿大 McGill 大学博士学位、一位拥有美国马里兰大学的博士学位,还有一位是我早年指导的博士研究生。根据美国研究的惯例,所有参与者的身份和具体内容均会保密,只归纳并采用他们的答案和观点,在需要引用他们的原文时,采用了虚假名字。

---

① YIN R K.Qualitative research from start to finish[M].2nd ed.New York:Guilford Press,2015:26.

三、美国社区学院简史及其发展现状

美国的高等教育从哈佛大学于 1636 年建校已经经历了 380 多个春秋,而美国的社区学院教育仅仅有 120 多年的历史。美国是先有大学,后有国家,可见其对教育的重视。随着社会的发展,民众对高等教育的需求不断增加。早在 19 世纪中期,美国最先提出大专教育理念的是曾经担任过密歇根大学校长的美国高等教育改革家亨利塔(Former University of Michigan president,Henry Tappan,1805—1881)。① 经过半个世纪的探讨,美国社区学院教育终于在 19 世纪末开始付诸实施。芝加哥大学前校长 William Rainey Harper 于 1892 年进一步阐述 2 年制专科院校的必要性和可行性,并建议在公立高中 4 年的基础上增加 2 年。该理念得到当时的 Joliet Township 学区总监(J.Stanley Brown,Superintendent of Joliet Township High School)大力支持,最终在伊利诺伊州的 Joliet High School 得到实现。在 1901 年,一所 6 年制的新型学校诞生:4 年高中加 2 年大专,后来该高中更名为 Joliet Junior College,不再招收高中生,只招收大专生,延续至今。第一批大专学生仅有 6 人,现在的规模达到 3 万学生。尽管后来问世的两年制大专均纷纷采用社区学院的名称,Joliet Junior College 却一直沿用原来的名称,直到今日,未改初衷。

二战临近结束时,美国国会在 1944 年通过了 Servicemen's Readjustment Bill,也就是大家都耳熟能详的 GI Bill。② 这一法令推动了美国高等教育的精英教育转向大众教育:很多退伍官兵如果有高中毕业文凭可以直接被社区学院录取,没有高中毕业文凭的可以在社区学院的补习班完成高中课程,然后继续大专阶段的学习。退伍官兵根据服役年限享受免交学费或者减免大部分学费的待遇。美国社区学院迎来了快速发展的历史机遇。时至今日,美国有近一半的郡(相当于中国的县)设有社区学院。所有的美国社区学院均实行免试入学,没有年龄限制。同时,美国的社区学院和本科院校实现无缝连接。我的采访对象来自纽约州、新泽西州的 5 所社区学院,他们告诉我,他们的学院每年有 1/3 左右的

---

① COHEN A M,BRAWER F B,KISKER C B.The American community college[M].6th ed,San Francisco:Jossey-Bass Publishers,2013:23.

② ROGER L G.The history of American higher education[M].Princeton:Princeton University Press,2014:439.

社区学院学生毕业后转入4年制院校,直接读大学三年级。在美国社区学院完成60个学分获得副学士学位(associate degree),全职学习一般需要2年完成,但是由于大部分学生家庭经济困难,需要勤工俭学,所以,大部分美国社区学院的学生是全职工作,兼职学习,或者全职学习,兼职工作。完成2年制大专的时间一般需要3到4年,甚至更长时间。美国社区学院的课程设置同本科院校不断协调、不断完善。一半以上课程是通识教育课程,也就是博雅教育课程,学分几乎可以完全转入4年制本科院校。许多州则通过法令确保该州社区学院的学分百分之一百转入该州的4年制州立大学。私立学校也会参与竞争,基本上也是转入所有学分。美国社区学院联合会提供的数据也是1/3左右的社区学院毕业生毕业后立即转入4年制院校继续深造,其余的毕业生选择就业,但是这些毕业生依然可以在工作一段时间后继续申请4年制本科院校的学习,本科院校认可其在社区学院修得的学分。在过去的120多年中,美国社区学院教育对社会进步和经济发展做出了重要贡献,成绩卓著,令世界各国瞩目。

时至今日,美国有近一半的郡(县)设有社区学院。美国一共有3007个郡(县),加上同级别的区(例如纽约市就有5个区),现在有1167所社区学院。① 人口密集的地方,每个郡(县)设有一个社区学院;人口稀少的地方,两个或者三个郡(县)共享一个社区学院。大部分社区学院没有学生宿舍,学生均是以本地学生为主,属于走读性质。所有的社区学院中只有28%建有学生宿舍,学生可以住校,大部分为人口稀少或者专门为美国原住民(美国印第安人)设置的部落学院。这些部落学院课程设置同社区学院相似,但是规模都比较小,享受联邦政府的特殊补贴。前面提到,美国第一所社区学院建立于1901年。到1920年美国就成立了美国社区学院联合会,现在这个社区学院联合会有1044个单位成员,每一所社区学院就是一个单位成员,也就是说,美国绝大部分社区学院都属于这个联合会,其中公立社区学院936所、部落学院35所、私立学院73所。根据美国社区学院联合会的官方网站数据,2018—2019学年,这1044所社区学院在校人数总数为1180万人,其中580万是拿学分的(完成学习可获得准学士学位);500万学生是不拿学分的,这些学生属于进修性质,包括老年大学和补习班、短期进修班。

根据文献分析结果,美国社区学院的大部分学生具备以下几个特点:少数民

---

① AMERICAN ASSOCIATION OF COMMUNITY COLLEGES. Community college fast facts[EB/OL].(2020-03-01)[2022-10-17].https://www.aacc.nche.edu/wp-content/uploads/2020/03/AACC_Fast_Facts_2020_Final.pdf.

族或者新移民;非传统大学生(年龄从 18 岁到 20 岁);有特殊教育需求(残障、智力发展滞后等);许多学生来自低收入家庭,大部分需要工作;很多是家里的第一代大学生。这些学生的特点充分体现了有教无类的理念。本研究的采访对象完全认同上面的特点。

根据美国社区学院联合会就学生的族裔分属情况的 2020 学年学生组成部分的报告,拉丁美洲的后裔占了所有社区学院学生的 20%,黑人学生占 13%,白人学生占 47%,其他族裔占 20%。

2019 年秋季入学的学生当中,攻读准学士学位的社区学院学生人数是 680 万,占了 58%。还有 42%,也就是有 500 万的学生不是攻读学位的,也就是在职进修性质的或者休闲性质的(比方说摄影、社交舞、绘画等退休人员经常选修的课程)。在攻读准学士学位的学生当中,全职学习的大概占 35%,总数为 240 万人;兼职学习的占 65%,也就是 440 万人。女学生占 57%,男学生占 43%。

学生组成部分的另外一些重要数据包括:第一代大学生的比例占了 29%,来自单亲家庭的学生占了 15%,非美国公民的学生占 9%,退伍军人占 5%,有残疾的学生和有特殊需要学生的比例占 20%。还有 8% 的学生是已经有了学士学位来继续进修的学生,包括退休人员来继续读书的。

就美国社区学院学生特点而言,以 2019 年的新生比例为例,根据美国社区学院联合会公布的数据,社区学院的学生占了全美国所有大学生的 41%。第一代大学生当中的 39% 选择了社区学院,美国印第安人(也就是美国土著居民)有 56% 的学生选择了部落学院或者社区学院。在 2019 年所有的新生当中,53% 的拉丁美洲后裔选择了社区学院,43% 的黑人学生和 38% 的亚裔和太平洋岛屿的学生选择了社区学院。

在美国,研究生的全职学生的定义是每学期修 9 个学分或者 9 个学分以上。本科生和社区学院的大专学生,每学期修 12 个学分或者 12 个学分以上的称为全职学生。在美国的社区学院里,62% 的全职学生,也就是修 12 个学分或者 12 个学分以上的学生,需要工作。这 62% 当中,全职工作的占了 21%,兼职工作的占了 41%。这 21% 的全职工作,也就是说他们既是全职学生,又保持全职工作。比方说白天上学,晚上去当保安、24 小时营业的快餐店服务员,或者是到其他的行业。72% 的兼职学生需要工作,也就是说他们在社区学院修学分每个学期没有达到 12 个学分,这些兼职学生当中 38% 的人持有全职工作,34% 的人是兼职工作。

根据美国社区学院联合会提供的数据,在 2018—2019 学年当中,下属的

1044 所社区学院,包括公立的、私立的和部落学院,一共授予了 878900 个准学士学位;有 619711 位同学获得结业证书。另外还有 20700 个学生获得学士学位,这些学生学位是通过同 4 年制本科院校合作完成,或者获得所在地州教育厅的特批的学士学位专业。[①]

美国社区学院的建立是同当地的经济发展密切相关的,同时也兼顾到当地人口的总数量。以纽约州为例,纽约州有两个大的公立高等院校系统:一个是州立大学系统(State University of New York or SUNY),64 所学校里边包括了 30 所社区学院和 7 所技术学院;纽约市的城市大学(City University of New York or CUNY)是另外一个大的公立院校系统,里边包括了 7 所社区学院,而纽约市仅仅有 5 个区。设在纽约市区的私立院校数量远超公立院校。纽约州一共有 62 个县(含同级别的区),但是有 44 所公立社区学院,以及超过 60 所私立 2 年制大专院校。除此之外,还有不少 4 年制本科院校同时设有大专部,比方说在美国近郊的颇有名气的美国烹饪学院,既有学士学位专业,也有准学士学位的大专部,还有短期进修班。

在采访过程中,我的采访对象先后多次提到美国社区学院的另外一个特点,那是学费低廉。通过比对多家社区学院官网数据后发现,社区学院的学费大大低于其他各类高校。根据美国社区学院联合会的官方网站数据,2020—2021 学年的社区学院全年的平均学费为 3770 美元,而美国公立 4 年制本科院校(州立大学)同时期的本地居民年均学费为 10560 美元,外州和国际留学生的学费一般是州内学生学费的 2 到 3 倍。[②] 2022—2023 学年的社区学院全年的平均学费随着美国的通货膨胀,增长明显:州内学生全年学费为 5354 美元;外州和国际学生费用也上涨,但是幅度不大,2022—2023 学年全年的学费为 8953 美元。

以美国纽约州纽约近郊的 Westchester 社区学院为例,该学院的全职学生(也就是每学期修 12 个学分或者更多的课程)一个学期的学费是 2365 美元。这是对州内学生来说,如果是外州的学生,包括留学生,每学期的学费是 5885 美元,这是对全职学生。如果说是兼职学生,因为很多学生需要打工,无法成为全职学

① AMERICAN ASSOCIATION OF COMMUNITY COLLEGES. Community college fast facts[EB/OL]. [2022-10-17]. https://www.aacc.nche.edu/wp-content/uploads/2020/03/AACC_Fast_Facts_2020_Final.pdf.

② COMMUNITY COLLEGE REVIEW. Average Community College Tuition Cost[EB/OL]. [2022-10-17].https://www.communitycollegereview.com/avg-tuition-stats/national-data.

生，学费就以学分来算，本地居民是 197 美元一个学分，外州学生和国际留学生是 493 美元一个学分。①

纽约州临近的新泽西州的社区学院的学费就高于纽约，因为美国的各个州自行决定社区学院的学费。新泽西的社区学院学费，2022—2023 学年的学费是 5616 美元。这是对本州学生而言。新泽西州的公立社区学院对外州学生和留学生比较友善，外州和留学生的本学年的学费是 7703 美元。前面提到美国有少量私立 2 年制大专院校，新泽西州 2 年制大专院校学费明显要贵许多，新泽西州最贵的私立社区学院的学费本学年高达 23700 美元。②

为了核实美国社区学院联合会的数据是否准确，笔者又特地查阅了另外几个州的学费。比较受华人移民青睐的加利福尼亚州，该州的公立社区学院的学费明显低于美国大部分州。加州的社区学院 2022—2023 学年的州内学生学费是 1997 美元（显然比前一学年的 1458 美元增长了不少）；州外学生和外国留学生 2022—2023 学年的学费是 7123 美元③（前一学年的学费是 6710 美元），这个费用比新泽西州还要低。加利福尼亚社区学院州内学生每年的学费明显比新泽西州和美国其他大部分州都要低许多。

为了比较，笔者随机查阅了一下社区学院收费比较低的几个州。比方说佛罗里达州的社区学院，2022—2023 学年的全年学费州内学生是 5404 美元，外州和国际留学生的同学年学费为 11632 美元。④ 德拉华州社区学院 2022—2023 学年的全年学费州内学生是 3530 美元（前一学年是 2290 美元），外州和国际留学生的同学年学费为 8282 美元。⑤ 最前面提到的美国第一夫人曾经工作过的地方，这几个州的学费都是公立社区学院，是针对州内学生而言的。

总体上，美国公立社区学院的学费和教育质量综合衡量，可以说是价廉物美。我所有的被采访者都异口同声赞同这个结论。

---

① COMMUNITY COLLEGE REVIEW. Average Community College Tuition Cost［EB/OL］.［2022-10-17］.https：//www.communitycollegereview.com/avg-tuition-stats/national-data.

② COMMUNITY COLLEGE REVIEW. New Jersey Community Colleges By Tuition Cost［EB/OL］.［2022-10-17］https：//www.communitycollegereview.com/tuition-stats/new-jersey.

③ COMMUNITY COLLEGE REVIEW. California Community Colleges By Tuition Cost［EB/OL］.［2022-10-17］https：//www.communitycollegereview.com/tuition-stats/california.

④ COMMUNITY COLLEGE REVIEW.Florida Community Colleges By Tuition Cost［EB/OL］.［2022-10-17］.https：//www.communitycollegereview.com/tuition-stats/florida.

⑤ COMMUNITY COLLEGE REVIEW.Delaware Community Colleges By Tuition Cost［EB/OL］.［2022-10-17］.https：//www.communitycollegereview.com/tuition-stats/delaware.

四、美国社区学院的教育投资回报

有这么一种说法：成功是为了获得你想要得到的；而幸福是享受你已经得到的。教育的目的之一当然是为了追求幸福。然而，独乐乐不如众乐乐，光光追求自己一个人的幸福，是不可能幸福的。因为物质条件达到一定的程度，人就会追求精神方面的享受。一个成功人士只有为许多其他的人创造机会，提供条件，让其他人也幸福的同时，该成功人士才能够更幸福。如果说教育是最好的投资，那就不可能避开回报这个话题。

美国乔治城大学（Georgetown University）的3位学者在2019年对教育投资回报发表了长文，将美国4500多所高校的毕业生做了长期跟踪研究，最后发现：从40年来讲回报最好的是4年制的私立文理学院毕业生；而出人意料的是美国社区学院的毕业生在10年的时间段教育投资回报超过其他任何高校，连享誉海内外的常青藤名校都难望其项背！[①] 这是一个非常有意思的研究报告。

该研究报告（Carnevale，et al.，2019）里面涉及的4500所高校几乎囊括了美国各种类型的高校，从研究型大学，包括哈佛、耶鲁等，到美国社区学院和2年制的私立院校全部包括在内。结论之一，就短期的教育投资回报而言，这个短期是指10年，回报率最高的是社区学院；就长期的教育投资回报，这个长期是指40年，4年制的私立文理学院毕业生的教育投资高于4年制的公立大学。尽管美国的私立学校（包括4年制的文理学院）学费比较贵，但是从长期教育投资回报来讲，4年制非盈利的文理学院回报要高于美国的州立大学，也就是公立大学，所以这也是一个很有趣的发现。无论是短线投资还是长线投资，个人对教育的投资都是非常值得的投资行为。

无独有偶，美国社区学院联合会也对工资和教育水准做了调研，通过抽样调查对全职工作的人员和他们的教育水准以及他们工资做了比较。结果是：高中没有毕业的年薪是30784美元，有高中毕业文凭的年薪为38792美元。拿到社区学院准学士毕业文凭的中位年薪是46124美元，拿到本科文凭的，也就是获得学士学位的，中位年薪是64896美元。以上都是中位数，也就是可信度比较高的

---

① Ranking 4500 Colleges，Center on Education & Workforce，Georgetown University［EB/OL］.［2022-06-02］. https://1gyhoq479ufd3yna29x7ubjn-wpengine. netdna-ssl. com/wp-content/uploads/College_ROI.pdf.

median。顺便提一下，根据美国人口普查局（US Census Bureau）2021 年 9 月的普查结果，美国家庭的中位年收入则达到 67521 美元。根据同一（也是迄今为止最新官方数据）普查结果，全职工作的美国男性中位数年薪是 61417 美元，全职工作的美国女性中位数年薪是 50982 美元，与前一年比较，男性年薪上涨了 5.6％，女性年薪上涨了 6.5％，男女之间的年薪差距进一步缩小。

五、社区学院的特殊功能：水库功能

　　教育不一定是成功的唯一途径，但是它是绝大部分人改变命运的重要手段。对许多平民百姓来说，教育也许是改变命运的最佳途径！实际上，即便那些富可敌国的权贵家庭也特别注重教育他们那些含着金钥匙出生的后代。故而许多国家都有贵族学校的存在。与贵族学校和精英教育相对应的则是社区学院教育和大众教育。美国的社区学院从某种意义上给普通百姓和弱势群体的孩子们提供了冲击天花板的可能性，每年也为退伍军人们提供了融入社会和就业的方便。

　　就功能而言，美国的社区学院在全世界各类高校当中大概是功能最齐全的。首先是学历教育，学生完成学业可以拿到准学士学位，1/3 左右的人可以自己选择喜欢的 4 年制院校继续深造，因为所有的学分都能够转入，这些转学学生节约了大量的学费和住宿费、生活费。在焦点小组采访时，有 3 位采访对象主动提出，如果让他们再次选择，他们一定会考虑先去社区学院读 2 年，然后再去他们的梦想学校继续深造，而这 3 位采访对象分别毕业于康奈尔大学、纽约大学和康州大学，均是研究型大学。

　　在收集采访者对上述观点看法时，来自纽约 Westchester 社区学院的资深教授声称："我的毕业生当中每年都有许多进入常青藤名校继续学习，几乎每一所藤校都有我的毕业生，比较多的是康奈尔和哥伦比亚。今年（2022 年）我的毕业生就有 5 人被哥伦比亚大学接受为转学生。"一位来自美国纽约海运学院（纽约州立大学的一所院校）的教授回答："我们学院每年也会接受许多社区学院的转学生。由于海运学院需要三个暑假都必须参加海上实习，我们社区学院的转学生一般都是完成一年学习，大二就转入我们学院。"另外两位社区学院的管理人员先后表示，这样的转学生不算辍学，会算正常完成学业来对待。当问及藤校接受社区学院有何标准或者要求时，大部分被采访者认为主要有以下四个考虑因素：（1）优异的学习成绩，一般都在平均分 3.5 以上（大学最高分是 4.0）；（2）少数民族优先考虑；（3）领导能力，特别体现在领导和组织学生社团组织的活动；（4）社区学院老师们的推荐。采访对象们特别强调，这些被藤校录取的转学生因为他们在社区学院已经崭露头角，比一直在藤校的学生更具有自信心和领导能力。

所有采访对象一致认为，美国社区学院的另外一大特色是职业教育。美国的很多高级技工都是毕业于社区学院，2/3 的毕业生毕业后立即进入劳动市场，找工作很容易。职业教育又分为职前教育和继续教育。比方说护士助理这个职业，一般需要修满 18 到 30 个学分，并通过实习，才能参加应聘。继续教育也分两部分：其一是在原先的基础上进一步提高；其二是改行业，假如一个人厌烦了修手机，可以去社区学院学一门新技能，比方说修电脑。

采访对象告诉我，社区学院综合了职前教育、继续教育、成年教育、老人教育，同时也是社区的活动中心。与中国不同，美国并未专门设立老年大学，但中国老年大学的大部分课程都可以在美国社区学院找到相应的模块。如驾驶课、高尔夫课、房地产营销，以及保健养生等，不一而足。笔者此前单位的副院长，原本担任过 2 所大学的校长，退休后经朋友引荐，接受 49% 的工资担任副院长（达到或者超过 50% 的工资，其校长退休金就会被取消）。再次退休后，该校长又去社区学院学习房地产行业的知识，并拿到证书后顺利开展着房地产营销业务。与此同时，采访中也有完全出乎笔者意外的结果：一位来自纽约近郊的社区学院的系主任声称，她在 2019 年暑期带教了一个由 27 个来自藤校的学生所组成的工商管理课程班，其中，不到一半的是在学学生，他们利用暑期空档时间修习课程，开学后将学分转入在读学校，这样既能充分利用时间，也能节省学费；而超过一半的学生则是被藤校劝退或者开除的学生，正是社区学院的免试入学政策让这部分非传统学生再次获得接受教育的机会。

其次是各种价廉物美的补习班，为新移民设立的英文补习班、美国文化入门介绍，然而最受欢迎的补习班是 General Education Development，这同博雅教育没有任何关系，而是专门为那些没有高中文凭的人群设立的高中课程补习班。通过摸底考试学生们进入相应水平的补习班，完成学业就相当于拿到高中毕业的文凭，然后进入大专部继续深造学习。因为没有年龄限制，补习班的学生年龄差异很大，从 18 岁到 80 岁的都有。当问及这些补习班学生的状况时，他们的回答是少数民族、退伍军人和单亲妈妈居多。采访对象特别解释，单亲妈妈是因为高中时期怀孕辍学，无法完成高中学业，没有拿到高中文凭，等到孩子上幼儿园大班（在美国是免费教育的开始），她们再来社区学院补习高中课程。

社区学院的最后一项功能是社区活动中心，比如各种民族特色节假日、社区选举等，不一而足，社区学院的宗旨之一就是为附近社区的居民提供服务。许多海外华人举办的周末中文学校也会选择所在地的社区学院。

综上所述，我们可以用水库特殊功能来对美国社区学院做一个归纳。水库的主要功能是防洪抗旱，在经济萧条，大批失业的时候，这些失业人员马上可以进社区学院学习新技能。他们就减轻了社会的负担，减轻了政府的负担，这就起了防洪的作用。抗旱的功能则体现在社区学院学制短、出产品快，比方说，美国得克萨斯州首府奥斯汀计算机行业相当发达，而当地的社区学院为计算机行业提供了大量的技术工人。大部分行业出现技工短缺，首先考虑的就是同当地社区学院联系招人。社区学院的全职学生如果找到全职工作，下一学期就很可能转换成全职工作、兼职学生。水库当然还有附带功能，可以养鱼、可以让人垂钓。养鱼是考虑经济效益，社区学院经常会为所在地的企业提供培训，增加经济收入，又增加生源。因为社区学院推崇有教无类，实施的免试入学，无年龄限制，只要高中毕业就可以来上学；没有高中毕业文凭，也可以来上学，先参加补习班，所以对于这些早年没有受到良好教育的新移民，社区学院提供了第二次机会和新的机会。社区学院因为学费低廉，课程实用，又能转入4年制本科院校，很多住在附近的居民出于各种考量，选择社区学院的人数一直很多。就近入学，就不需要住宿；在家里吃住，生活费用会大大降低。另外，社区学院涵盖了中国的职业技术学院、老年大学和开放大学的全部功能，入学没有年龄限制，免试入学，成为活到老学到老的典范。最重要的一点，美国社区学院是双轨制，想要继续深造的学生只要成绩达到中等，几乎是无任何障碍就可以在2年毕业后直接进入4年制本科院校学习，除了申请学校的正常录取审批程序，不需要其他任何行政单位的批准，成为大三学生。当然，对大部分学生来说，他们会选择一门技能，这样容易找到工作，很快就能成家立业养家糊口。

六、美国社区学院面临的现实挑战

前面阐述了美国社区学院的很多特色，但是并非说美国社区学院是十全十美，样样都好，没有弊端，或者没有挑战。同其他高等院校一样，美国社区学院面临着许多挑战，存在着很多弊端。

其一,自新冠肺炎疫情开始以来,美国社区学院的招生人数在不断下降。① 其二,社区学院雇用了大量的兼职教学人员,教学质量无法保证。我的采访对象们对此没有任何异议。他们都认为这是他们面临的最大挑战。兼职教学人员并不会因为薪酬低而不满意他们的工作,出人意料的是大部分都很满意。特别是那些退休后已经拿退休金的兼职教学人员,他们根本不想成为全职教学人员。这也是焦点小组采访的意外结果之一。其三,美国社区学院的专业设置和课程设置急需调整。因为随着科学技术的快速发展,原有的专业和课程无法适应新的行业的需求。其四,美国社区学院的成绩出现分数膨胀的弊端。其五,理念的差异导致社区学院的发展不平衡,比如说,好几个州在讨论和酝酿免除社区学院的学费,出现了很多争议。笔者就社区学院的弊端和挑战先后采访了6位社区学院的中层领导,获得了一线人员的第一手资料,其中不乏真知灼见。

1.美国社区学院的招生人数在不断下降

根据美国社区学院联合会提供的资料,美国社区学院招生人数连续10年呈下降趋势。2021年社区学院招生人数同2019年相比减少14.8%②,而美国4年制公立本科院校同期下降人数仅4%。当问及招生人数下降的原因时,一位社区学院负责招生的中层管理人员回答,主要原因是社区学院本来占有地利的优势,由于疫情的缘故,美国的高等院校包括所有的社区学院全部改成网上教学,所以社区学院原本拥有地利这个优势就完全丧失,就近入学的优势一夜之间荡然无存。

2.社区学院雇用了大量的兼职教学人员

许多社区学院近年来雇用了大量的兼职教学人员,导致教学质量下降。当问及兼职教学人员的问题时,3位社区学院的中层领导表示,现在雇佣兼职人员的举措背离了原先的初衷:兼职人员来自科研生产和管理的一线,能够将实际需要的知识和技能同书本知识紧密联系,确保学以致用。然而,现在的所作所为主要是为了省钱。一位管理人员声称,她所在教学单位的财政预算连年削减,本来

---

① GOLDMAN C A, KARAM R T. Opinion: College in America could be changed forever [EB/OL]. (2020-07-07) [2022-10-17]. https://www.cnn.com/2020/07/07/perspectives/higher-education-pandemic/index.html.

② JENKINS D, FINK J. How will COVID-19 affect community college enrollment? Looking to the Great Recession for clues. Columbia University, Teachers College, Community College Research Center [EB/OL]. (2020-04-30) [2022-10-17]. https://ccrc.tc.columbia.edu/easyblog/covid-community-college-enrollment.html.

应该雇佣的全职人员因为预算不够,只能改成雇佣兼职人员。雇用一个全职教学人员的成本一年年薪加各种福利至少需要 8 万美元,而这个全职人员只能上 8 到 10 门课。以 10 门课为例:雇佣兼职人员的成本仅仅需要不到 3 万美元。兼职教学人员来上 10 门课,为学院就直接节约了 5 万多美元。雇佣的兼职人员大大增加,质量自然就无法保证了。有一位管理人员声称,兼职教学人员虽然有实践经验,但是缺乏在职培训。因为兼职人员没有配备办公室,对学生的个别辅导几乎不存在。有一位管理人员对他的兼职教学人员比较满意,认为数量虽然增加,但是质量基本能够保证。

3.专业设置和课程设置急需调整

众所周知,科学技术的发展速度是日新月异,而美国社区学院的专业设置和课程设置严重滞后。科技进步和创新是必然趋势,AI 和其他新兴行业的崛起和迅猛发展迫使美国社区学院做出应对。据美国媒介最近的报道,美国 80 万个制造业职位需要招人,这些制造业并非传统行业,而是包括机器人制造、3D 打印、人工智能、生物技术、仿真系统、芯片制造等。可是美国大部分社区学院没有这些匹配的专业和课程。当问及这一挑战时,6 位被采访者都认同这种需求,但是都表示心有余而力不足。有一位原先在大企业担任过主管现在管理教学的中层领导认为,应该探索校企联合办学的可能性,聘用那些企业的技术骨干来开创新课程。

4.分数膨胀的弊端

其实,美国各类高校近年来都出现了分数膨胀的现象,美国社区学院的成绩出现分数膨胀似乎也正常,不值得大惊小怪。当问及这一弊端时,被采访的中层管理人员认为分数膨胀的弊端主要有如下原因:一个当然就是随大流,其他的学校分数都上去了,你这个学校的分数很低,招生会更加困难;其次,是两类老师对分数膨胀的现象起了推波助澜的作用。其中一类是兼职教学人员,因为兼职教学人员下学期是不是继续被聘用,主要取决于学生在学期结束之前的教学评估。如何受到学生的欢迎,能够让学生在评估时给予高分或者好的评价,自然就是给高的分数,现在兼职教学人员越来越多,所以直接导致分数膨胀。另外那些没有拿到终身教职的年轻教员,为了让学生给他们在学期结束之前的教学评估,给予好的评分或者评价,所以也把提高成绩作为交换的筹码。还有一个分数膨胀的原因是出于政治压力,这当然属于个别现象,但确确实实存在。笔者的一位教授朋友就在一个华人教授朋友群里提到在"黑命贵"的运动高峰时,有行政领导要求给黑人学生加分,以免遭到黑人团体的攻击或者借机制造事端。有个教务长就亲自介入,发电子邮件叫两位教授提高黑人学生的分数。这两位教授为了息事宁人,非常不情愿但是最后都把本来是 C 的成绩提升到 B。这个当然是不常见的,但是也确实发生了。被采访者认同有政治压力存在,但一般是通过打电话或者面对面交谈时,领导会"善意"提醒不要压低黑人学生的分数。

5.免除社区学院的学费

免费上社区学院这个充满争议的话题在美国 19 个州都在讨论和尝试①,比方说加里福尼亚州(California)、康州(Connecticut)、密歇根州(Michigan)、维吉利亚州(Virginia)、新泽西州(New Jersey)和马里兰州(Maryland)等,报纸媒介最近几年常有报道。当我问到这个社区学院免收学费有何看法时,有 6 个采访者发言,他们当中 4 个人表示反对,2 个人表示可以考虑,但是没有明显的支持。这个反对的原因很简单,这 4 个人都是一致的观念,就是天下没有免费的午餐,如果全部免费,学生就不会珍惜了。另外,学生学费本来就是学校财政收入的一大块,现在政府拨款不断在缩减,没有学费来源,社区学院的财政状况会雪上加霜。2个表示可以考虑免收学费的管理人员(她们自己就是有色人种)认为,此举对少数民族有利。家庭经济困难的少数民族更有可能接受高等教育。

七、美国社区学院的课程设置逻辑

美国社区学院的课程分三大类:第一类为通识教育(General Education),也就是大家现在耳熟能详的博雅教育。美国第一所高等院校哈佛大学在 1636 年建校开始就注重博雅教育。第二类是专业课程,其中一部分同 4 年制院校的专业大同小异,但是有大部分是高级技工类的训练,后者属于社区学院的特色。第三类则是没有学分,属于进修或者娱乐性质。限于篇幅,本文将重点探讨第一类,后面两类只能浮光掠影,一带而过。当问及什么样的课程能够转入 4 年制院校时,大部分采访者都回答通识教育课程和同 4 年制院校专业相似的课程全部可以转,当然成绩必须在 C 以上,也就是及格以上的成绩都能够转。高级技工类的课程一般可以当作选修课来对待,大部分也能够转,但是并非百分之百能够转。

通识教育课程(即博雅教育课程)。美国各类高校均设有"通识教育"课程(General Education),也就是大家现在耳熟能详的博雅教育。中国通常称为公共

---

① INDER SINGH BISHT. Is Community College Free? In These 19 States, Yes[EB/OL].(2021-06-15)[2022-10-17].https://thecollegepost.com/free-community-college-states/

课程的那些学科，一般在 36 至 45 个学分之间，也就是说 12 到 15 门课程。美国社区学院的学制是 2 年，完成 60 个学分的学习，获得准学士学位（Associate Degree）。在这 60 个学分中，通识教育课程一般占一半，也就是 30 个学分左右。下面是比较普通的搭配：人类学、心理学、地理、社会学，每门课 2 个学分，学生可以任选其中一门；艺术、音乐、戏剧，每门课 3 个学分，学生可以任选其中一门；传播、外语、哲学，每门课 3 个学分，学生可以任选其中一门；经济，每门课 3 个学分，必修课；英文写作，每门课 3 个学分，必修课。美国社区学院的通识教育课程还会包括许多选修课，例如：世界文学、世界文明史、美国历史、健身（体育）、数学、统计学、美国政府、科学简论、交叉科学等。20 世纪末美国通识教育强调的是美国社区学院普遍加强了科学、技术、工程、和数学，也就是大家都熟悉的 STEM（Sciences，Technology，Engineering and Mathematics）。进入 21 世纪，美国社区学院普遍加强了科学、技术、写作、工程、艺术和数学。也就是说在原来 STEM 的基础上，增加了写作和艺术，成为 STWEAM（Sciences，Technology，Writing，Engineering，Arts and Mathematics）。不难看出，这些通识教育课程对大学生拓宽知识面，增强综合素质显然在课程设置方面得到了保证，从而达到博雅教育的初衷。有一点需要指出的，美国的社区学院所教授的通识教育课程，基本同本科院校的通识教育课程相似，所以学分转换在美国非常容易，转学、换专业更是家常便饭。

专业课程。专业课程当中一半左右同 4 年制院校的专业课程设置大同小异，但是另外一半则是高级技工类的训练，属于社区学院的特色。以美国纽约近郊的威斯特切斯特社区学院（Westchester Community College）为例，它最受欢迎的名列前茅的专业几乎在 4 年制大学都能找到，比方说人类研究、工商管理、文理综合、警察警官培训、会计、计算机等专业，这些都是 4 年制大学里比较受欢迎的专业。大部分选择这些专业的学生都是计划将来从社区学院毕业以后，希望能够转到 4 年制去继续上学的。属于美国社区学院特有的专业同中国的职业技术学院所设专业更接近，比方说律师助理、护士助理、网络维修专业、烹饪、餐馆管理、电器维修等。因为在美国当律师，是要经过本科毕业以后，完成三年的法学院学习并通过律师资格考试才能够担任律师的。而律师助理只需要社区学院的文凭就行了，英文称之为 legal assistant 或者是 para legal。许多律师助理工作几年后，积累了一些经验，再去完成本科学习和法学院的训练，最后成为律师的比比皆是。同样，护士助理仅仅需要修 30 个学分左右的专业学习，就能够去给护士当助理，工资稍微低一点，但是找工作非常容易。实际上，许多医生直接把护士助理当护士使用。烹饪、电器维修等专业,也非常受欢迎。根据我采访的社区学院中层管理的反馈,这些学生转入 4 年制继续深造的意愿不太高。

八、结论及启示

他山之石,可以攻玉。美国社区学院的发展历史、现状和存在的问题以及挑战显然为中国高等教育的走向提供了许多可借鉴的地方,可以防患于未然,防止走弯路。

首先是美国社区学院的双轨制,特别是无缝隙连接以及通识教育的共同性可以为下一步中国高等教育提供参考。中国的专科院校与本科院校完全有条件进一步合作,通识教育课程也完全可以协调共同开发和进一步提升。是否可以放开专升本的渠道,让更多学习成绩优异的专科毕业生进入本科院校学习?本科院校学习差的学生除了开除或者劝退,是否可以让他们进入专科学校学习?每个人都应该有第二次机会。人非圣贤,岂能无错?犯错的年轻人应该给他们机会改正。

其次,是否可以整合现有的资源,将职业技术学院、开放大学、老年大学合并起来,每个地级市设立一所总校,然后每一个人口多的县、区都设立一所分校?是否可以考虑市区以走读为主,而人口稀少的边远地区可以考虑住校学习?各个分校相对独立,但是可以共享资源,由所在地政府和教育部门共同建设?

最后,是否可以考虑大量招聘身体健康的退休专业人士担任兼职教师?现在许多专业人士 55 岁或者 60 岁退休,而在 70 岁之前这些专业人士完全可以胜任教学任务,关键是他们的特长不应该被埋没。即便 70 岁以上,也可以继续聘用,但是要每年体检合格。尤其是这些刚刚退休的人员经验丰富,也不存在晋升或者提拔的问题,更不存在劳保福利和将来的退休金等事宜。聘用他们、让他们充分发挥余热,对国家、对学校、对学生和对他们自己都是利多弊少。美国是雇佣太多兼职教师,而中国是雇佣太少兼职教师。

以往的高等教育是精英教育,而现在的高等教育已经实现大众教育。用办精英教育的方法来办大众教育,显然是走不通的。希望本文能够起到抛砖引玉的作用。

An Analysis of Pros & Cons of Community Colleges in USA

Yiping Wan[1,2] Tang Min li[2]

(1.Hunan University of Arts and Science, Changde 415000；2.Manhattanville College, New York 10577)

Abstract：Very few scholars or lay persons have paid much attention to community colleges in the USA. However, community colleges in the USA are the most successful component of US higher education. The COVID-19 Pandemic has brought many new challenges to the higher education community, the best practices of American community colleges may shed light on the future of higher education in the global village and higher educational leaders in China, This paper is guided by the following conceptual framework: 1) the shortest piece of board decides how much water a bucket can contain; 2) everyone and anyone can benefit from a good education; 3) Live & learn concept; and 4) the metaphor of reservoir representing community colleges in terms of functions. This paper studies the history of community colleges' development, and special contributions community colleges' have made to the economic development of the USA, and the lessons that Chinese educators could learn from their American colleagues when they deal with new challenges. This paper uses reservoir as a metaphor to highlight the unique features and functions of community colleges in the USA in that: 1) When unemployment is high, those who lost jobs can go to community colleges to learn new skills or new trades; 2) When job markets are favorable, community college students and/or graduates can fill the job vacancies immediately; 3) The college campus is a center for recreation and leisure events and activities; and 4) About 1/3 of community college graduates will continue their education in public and private 4-year institution with most credits being transferred into their 4-year bachelor programs. General education is almost identical between community colleges and 4-year institutions of higher education. While community colleges pay great attention to liberal arts education, they do a much better job in providing high quality vocational education. The paper finally discusses the challenges and potential solutions.

Key words：American community colleges;life-long education; open admission；curriculum；liberal arts and general education

教育史与考试研究

近代高水平教育学科的生成逻辑与实践向度

——以私立厦门大学为例

许　露*

（厦门大学教育研究院，厦门 361005）

摘　要： 作为如今福建师范大学、华东师范大学、厦门大学等校教育学科的源头，私立厦门大学教育学科 1921 年创立，发展历史辉煌，学术成果璀璨，名人学者辈出，成为近代高水平教育学科之一。从 1921 年到 1937 年，私立厦门大学发展教育学科注重策略，如因需设立机构、汇聚各方名师、协调办学资源、打造合作平台等，促使这一学科得到快速发展。这些办学实践对当代教育学科建设具有一定的启发意义。

关键词： 高水平大学；教育学科；学科建设；办学实践

学科建设一直是学界热门讨论的议题之一，讨论的角度五花八门；而教育学人更在意教育学科的建设，它直接关系教育学科的存在与发展，"也是更好服务于我国学科建设和大学发展的需要"[①]。然而，当前教育学人对教育学科建设的探讨，主要集中在两个方面：一为理论探索，如《面向教育强国的教育学科建设》[②]、《教育学科建设的思考与探索》[③]、《综合性大学教育学科建设的思考与实践》[④]等文，二为对西方同类学科发展经验的总结，如《美国大学教育学科创建的

---

　* 作者简介：许露（1988—　　），厦门大学教育研究院博士生，研究方向为中国近现代高等教育史。

　① 顾建民，韩双淼.世界一流教育学科建设的特征及启示[J].教育发展研究，2021(19)：49-51.
　② 史秋衡，季玟希.面向教育强国的教育学科建设[J].教育发展研究，2021(19)：28-32.
　③ 刘铁芳.教育学科建设的思考与探索[J].教育发展研究，2021(19)：34-36.
　④ 石中英，许路阳.综合性大学教育学科建设的思考与实践：石中英教授专访[J].重庆高教研究，2021(3)：3-13.

历史经验与启示》①、《教育学科如何适应"双一流"建设》②、《中国教育学一级学科排名分析》③等文,缺乏从近代教育学科发展史中汲取经验与教训。私立厦门大学教育学科创于 1921 年,走过了百年光阴,如今为福建师范大学④、华东师范大学(贵州师范大学)⑤、厦门大学⑥等校教育学科的源头,发展历史辉煌,学术成果璀璨,名人学者辈出,具有研究的典型性。

一、近代教育学科的创立逻辑

教育学科不是凭空出现的,其创立具有一定先见性,受到内、外因素的共同影响。以 1921 年的私立厦门大学为例,厦大创立教育学科是为了满足福建省新式学校教育对教师的需求,符合当时教育学科专业化发展的趋势,还受到中美文化交流的推动。

(一)满足地方的教育需求

当研究地方学校教育的变化时,学者很少把地方行政变迁考虑在内,事实

---

① 孙岩.讲座·学说·学科:美国大学教育学科创建的历史经验与启示[J].现代大学教育,2020(2):87-96.

② 周文辉,勾悦,李明磊.教育学科如何适应"双一流"建设:基于中美研究型大学教育学科建设比较研究[J].研究生教育研究,2018(1):83-90.

③ 吴薇.中国教育学一级学科排名分析:以美国教育学院排名为参照比较[J].现代大学教育,2016(5):28-36.

④ 20 世纪 50 年代初,华东区施行院系大调整,厦门大学文学院教育学系绝大部分师生整体并入福州大学,后改名为福建师范学院,成为福建师范学院教育学科的重要来源。

⑤ 1924 年私立厦门大学发生"分家"事件:教育科主任(相当于教育学院院长)欧元怀等人被罢免职务,这引发学潮,教育科(相当于教育学院)学生成为学潮的主力军;受学潮影响,私立厦门大学超半数师生北赴上海,重创私立大夏大学,继续保留教育学科——为华东师范大学教育学科的源头之一;1940 年前后,私立大夏大学内迁贵州,教育学科独立,与当地教育资源重新整合,成立国立贵阳师范学院;1946 年前后,私立大夏大学复原上海,恢复教育学科。20 世纪 50 年代初,华东区施行院系大调整,福建师范学院教育系学生按要求迁入华东师范大学。2017 年 9 月华东师范大学教育学科入选第一轮"双一流"建设学科名单,2022 年 2 月再次入选"双一流"建设学科名单。

⑥ 20 世纪 50 年代初,华东区施行院系大调整,厦大文学院教育学系留下个别教师支持学校建设,如陈汝惠和潘茂元等,后组建教育学教研室,参与大学教务、教学、科研等工作。如今的厦门大学教育研究院实为潘懋元先生 1978 年 5 月 17 日领导创建,1984 年改为厦门大学高等教育科学研究所,2004 年再改为现名,2018 年 5 月 17 日举行了声势隆重、规模盛大的建院 40 周年庆祝会。2022 年 2 月厦门大学教育学科入选第二轮"双一流"建设学科名单。

上,"政治变迁往往会引起教育的变迁"①。甲午战争前,福建省地方行政依然保持"省—府(州)—县(厅)"的三级结构,如福建省下辖福州府②(为省垣所在地)、兴化府③、泉州府④、漳州府⑤、延平府⑥、建宁府⑦、邵武府⑧、汀州府⑨、福宁府⑩、台湾府⑪、永春州与龙岩州;各府之下又辖制多个县或厅。

当时,福建省的地方行政制度在很大程度上限制了新式学校的推广,即新式学校主要在省一级行政单位或府(州)一级行政单位推行,而难以下沉到县(厅)一级行政单位;这造就省一级行政单位或府(州)一级行政单位的教育优势地位。民国初年,北洋军阀政府攫取地方政权,试行地方政治改革。其一,撤除府(州)一级行政单位;其二,将几个原先相邻的府(州)一级行政单位划为道,延伸道的管辖范围;其三,在县(厅)一级行政单位下设立多个区,分区进行地方治理。因此,福建省地方行政被改为"省—道—县—区",这一四级行政结构重树地方行政秩序,后来福建省下辖闽海道⑫、汀漳道⑬、建安道⑭、厦门道⑮等。新的地方行政秩序又决定了教育行政格局的改变。地方上需要大量合格的教育行政人员,稳固新的教育行政格局,并开启各地新式学校建设的新局面。随着"省—道—县—区"治理结构的确立,新式学校逐级办理,对教员和职员提出巨大需求,满足新式学校教育的发展需要。

---

① 许露.南京国民政府初期(1927—1931)合肥县小学布局的嬗变[J].巢湖学院学报,2020(5):29-36.

② 府治位于闽县,还包括侯官、长乐、屏南、福清、古田、罗源、连江,永福、闽清等9县。

③ 府治位于莆田,还包括仙游县。

④ 府治位于晋江,还包括惠安、南安、同安、安溪等4县。

⑤ 府治位于龙溪,还包括漳浦、南靖、长泰、平和、诏安、海澄等6县。

⑥ 府治位于南平,还包括顺昌、将乐、沙县、永安、尤溪、大田等6县。

⑦ 府治位于建安,还包括瓯宁、建阳、崇安、浦城、政和、松溪等6县。

⑧ 府治位于邵武,还包括光泽、泰宁、建宁等3县。

⑨ 府治位于长汀,还包括宁化、清流、归化、连城、上杭、武平、永定等7县。

⑩ 府治位于霞浦,还包括福安、寿宁、福鼎、宁德等4县。

⑪ 府治位于台南,1895年因签订不平等的《马关条约》被迫割让给日本帝国主义。

⑫ 府治位于闽侯,还包括长乐、福安、福鼎、福清、古田、连江、罗源、闽清、宁德、屏南、平潭、寿宁、霞浦、永泰等县。

⑬ 府治先位于龙溪,后移驻龙岩,还包括东山、归化、海澄、连城、龙溪、南靖、宁化、宁洋、平和、清流、上杭、武平、永定、云霄、漳平、漳浦、长泰、长汀、诏安等县。

⑭ 府治位于南平,还包括崇安、光泽、建宁、建瓯、建阳、将乐、浦城、沙县、邵武、顺昌、松溪、泰宁、永安、尤溪、政和等县。

⑮ 府治位于思明,还包括安溪、大田、德化、惠安、晋江、南安、莆田、同安、仙游、永春等县。

　　那么,福建省教育领域的人才从何而来呢? 一为大学或高等师范学校培养,但当时福建省只有:省立第一师范学校(1915 年兴建①,该校校址定在闽县,主要服务于闽海道,时任校长为林元乔②;南京国民政府建立统治后,该校办学遭遇一定的曲折,后从福州高级中学中独立出来,升为高等师范专科学校,定名为省立福州师范学校③),省立第二师范学校(1916 年在汀漳龙师范学校的基础上改造④,该校校址定在龙溪,主要服务于汀漳道,时任校长为黄恩培⑤),省立第三师范学校(1917 年兴建⑥,该校校址定在南平,主要服务于建安道⑦,校长为高恩艇⑧),省立第四师范学校(1917 年兴建,该校校址定在思明,主要服务于厦门道⑨,校长为林兆燕⑩)与省立女子师范学校等;上述的师范学校均属于中等教育,培养人才的数量和质量均有限。另一途径为外省聘请,因福建省交通不便,难以招徕省外教师。

　　近代福建省基层对新式教师提出较大需求,但教师数量无法满足当时福建省教育领域的实际需求,这是私立厦门大学创立教育学科的直接原因。

---

　　① 福建省立第一师范学校教生实习教育细则(五年九月修正)[J].福建省教育行政月刊,1917(1):87-95.

　　② 李厚基.本省:省长指令:福建省长公署指令(中华民国五年九月十九日):指令省立第一师范学校校长林元乔[J].福建公报,1916(226):4.

　　③ 李厚基.文牍:训令:福建教育厅训令:字第七九三号:令省立福州高级小学:训令福州高级中学为自下学年起将该校改办师范学校并将校名改为福建省立福州师范学校仰遵照[J].教育周刊,1931(73):21.

　　④ 许世英.公牍:本省之部:咨陈教育部据汀漳道尹详覆汀漳龙师范学校本科毕业生历年功课教授及实地练习情形由(洪宪元年三月二十一日)[J].福建省教育行政月刊,1916(4):20-21.

　　⑤ 李厚基.公牍:本省之部:福建省长公署指令:令省立第二师范学校校长黄恩培:呈一件具覆遵令查明龙溪黄秉哲等挫教务长许庆忠阴谋舞弊一案情形由(中华民国六年十月二十四日)[J].福建省教育行政月刊,1917(11):36.

　　⑥ 福建省立第三师范学校附设讲习科学生毕业名单[J].教育公报,1919(12):107.

　　⑦ 福建省教育厅命令:厅令:训令第三百二十号:令建安道属各县知事:福建省立第三师范学校附设国语讲习班招生简章[J].福建教育行政月刊,1920(4):65-67.

　　⑧ 李厚基.公牍:本省之部:福建省长公署训令第四千八百一十五号(中华民国七年一月四日):令省立第三师范学校校长高恩艇:准教育部复该校事项清册及员生履历表应准备案仰遵照由[J].福建省教育行政月刊,1918(1):17-18.

　　⑨ 李厚基.公牍:本省之部:福建省长公署训令第二千一百零八号(中华民国七年七月二十五日):令思明县等十二县知事:据省立第四师范学校呈送添招预科通告及简章一案仰遵照由[J].福建省教育行政月刊,1918(7):84-86.

　　⑩ 福建省教育厅命令:厅令:训令:令莆田、仙游、德化、晋江、惠安县知事:案据省立第四师范学校校长林兆燕呈称查修学旅行至关重要[J].福建教育行政月刊,1922(4):63.

（二）符合学科演进的趋势

清末，大学分科的观念就已被引入国内，经中国教育环境的改造，逐步形成中式分科思维。按照中式分科思维，大学可分为"中学"与"西学"，"中学"以传统儒家学术为主，"西学"以近代西方科学为主。在处理"中学"与"西学"的关系上，"中学"为主，"西学"为辅；"中学"为体，"西学"为用。中式分科思维开始意识到"西学"的重要性，发展"西学"，以求富国强兵；但是以"中学"制约"西学"——阻碍"西学"发展步伐。受此影响，教育学科在大学中尚未得到独立的学术地位。

新文化运动发生后，具有现代思想的中国知识分子站在时代最前沿[①]，他们逐步意识到现代教育的重要性——可以广泛传播忧患意识、批判意识、启蒙意识等。如何发展现代教育呢？第一步就应树立新式分科思维。新式分科思维不是完全否定中式分科思维，而定要打破"中主西辅""中体西用"的分科思维惯性，依据新文化发展要求，分科发展科学，繁荣学术文化；这样，中国知识分子才能肩负起社会转型的历史重任，才能展现现代性学人的风采。受此影响，教育学科开始在大学中取得独立的学术地位，具有独立发展的可能性；例如，私立复旦大学在1917年文学院之下设教育学系[②]，探索教育学科独立发展的道路。

新文化运动促成大学分科观念的转变，这一转变宣告了清末的中式学科思维破产，树立了新式分科思维。不同学科在新式分科思维下分科发展。

（三）中外文化交流的推动

在创立之初，私立厦门大学教育学科就与美国哥伦比亚大学师范学院结下了不解的缘分，至少体现在以下三个方面：

第一，哥伦比亚大学师范学院约翰·杜威教授曾参与私立厦门大学的创校式，且在"师范部"发表重要演说。约翰·杜威教授重视教育学科的地位，认为教育是实现其实用主义哲学理想的有效途径；欣赏陈嘉庚捐资兴办私立厦门大学的义举，后推荐哥伦比亚大学师范学院孟禄博士等来校参观；高度评价私立厦门大学成立"师范部"、发展教育学科的学术意义。当时，他在私立厦门大学的演说中指明，教育学科具有光荣任务，"应该尝试设计用怎样最好的方法，才能使学生

---

① 杨剑龙."五四"新文化运动与中国现代知识分子[J].齐鲁学刊,2021(3):151-160.

② 肖朗,项建英.近代教会大学教育学科的建立与发展[J].高等教育研究,2005(4):84-89.

得到最大的益处"。① 话语当中蕴含深刻的思想:其一,"师范部"的人才培养须精心设计,这一学科的培养对象具有双重身份——既是大学生,亦是未来新式学校的预备教员;其二,"师范部"的办学使命是改造中国基础教育,它将更新中小学校的师资队伍,改造中小学校的校园面貌,最终提高中小学教育的质量;其三,"师范部"坚持教育科学研究,以科研创新教育设计,使用最好的方法,实现中小学生的全面成长。

第二,哥伦比亚大学师范学院毕业生邓萃英是私立厦门大学早期的设计者之一。早在1920年10月,"邓萃英在厦门大学筹备委员会第一次会议上被推选为校长"②。他认为,(一)私立厦门大学地处偏僻、根基未深、师资力量不足等,应朝应用型大学的方向发展,走应用型大学的发展道路;(二)私立厦门大学应服务于福建省地方社会的刚需,或培养地方性师范人才——形成闽省教育体系,或培养地方性商业人才——繁荣闽省对外商贸;(三)在服务地方的同时,大学提高了学科的适用性,解决大学生的就业问题,逐步提高大学在福建省的影响力;(四)待积累足够实力之后,私立厦门大学再徐图转型。不过,邓萃英与陈嘉庚在是否动用大学开办经费的问题上存在尖锐矛盾。邓萃英主张大学校长有自主权,可动用大学开办经费,买地生息以反哺大学;陈嘉庚反对校长轻易动用大学的开办经费,这不属于校长权力的范畴,而要经过校董会的一致决定。"董长之争"直接导致大学办学发生震荡,终结了私立厦门大学走应用型大学发展的道路。

第三,不少哥伦比亚大学师范学院归国留学生在私立厦门大学教育学科有过任职经历,"像欧元怀、姜琦、陈友松等教师均毕业于美国哥伦比亚大学师范学院"③。以欧元怀为例,"1919年获硕士学位"④,回国之后于私立厦门大学教育科任教;因与英国爱丁堡大学留学的林文庆、孙贵定等人发生不悦,他被辞去教育科主任。欧元怀未必是"学行兼优"⑤,而是走投无路,不得不离开厦门岛。在社会舆论的压力下,欧元怀不得不与那些违背私立厦门大学校纪校规的学生们共进退,秘密联系莆田巨贾,获一定资助在上海创办私立大夏大学。以姜琦为例,

① 袁刚,孙家祥,任丙强.民治主义与现代社会:杜威在华讲演集[M].北京:北京大学出版社,2004:678.

② 谢长法,徐浩真.邓萃英的高等教育思想与实践[J].现代大学教育,2019(3):63-69.

③ 许露.杜威博士访华研究进一解:以路线为中心[J].巢湖学院学报,2019(2):89-96.

④ 李福春.欧元怀论大学生修养[J].上饶师范学院学报,2007(5):103-106.

⑤ 姜岙菲.师生合作:大夏大学的立校精神与当代启示[J].华东师范大学学报(教育科学版),2021(10):27-40.

1922 年前后在美国哥伦比亚大学师范学院进修,"成为近现代中国著名的教育学者"[①]。再以陈友松为例,1929 年远赴美国,"师从杜威、孟禄、坎德尔等"[②],学成后回国效力,先在私立大夏大学任教,再南赴私立厦门大学接过教鞭。由上可见,近代哥伦比亚大学师范学院的归国留学生对现代中国教育学的专业化确实发挥了积极影响。[③]

二、近代教育学科的发展方略

从 1921 年到 1937 年,私立厦门大学发展教育学科注重策略,如因需调整机构、汇聚各方名师、协调办学资源、打造合作平台等,使这一学科得到快速发展。

(一)因需调整机构

近代,私立厦门大学教育学科的机构经过"师范部""教育学部""教育科""文科教育学系""教育学院""文学院教育学系"等名称变化,更迭情况如下:

在完成各项筹备工作后,1921 年 4 月私立厦门大学创校,掀起了私立时期办学的历史序幕。因首任校长邓萃英将这一大学定位为应用型大学,这所大学在创办初期面临多种困难;种种条件不够完善,尤其在学科设置上,仅设有"师范"和"商科"两部,教育学科和商学科成为私立厦门大学创校的学科基石。因意欲挪用大学办学经费,校董陈嘉庚极度不满首任校长邓萃英;其间受各种小事刺激,校董与校长之间矛盾激化,酿成"董长之争";当校长计划动用大学办学经费在东北地区置地的消息传开后,这引发广大教职员不满,逼迫校长仓皇离校。同年,林文庆继任校长,认为大学应朝向研究型大学发展,走研究型大学的发展道路。为了发展研究型大学,林文庆大力改革"师范部",在机构上将"师范部"一分为三,改为"文学部""理学部""教育学部"等,"同年(1921 年)秋季,本校评议会议决,将原属师范部文理两科,改设文理两学部"[④]。自此,教育学科为私立厦门大学多个学科的"母学科"。

① 丁钢.20 世纪上半叶哥伦比亚大学师范学院的中国留学生[J].高等教育研究,2013(5):83-87.

② 叶松梅.中国现代教育财政学开拓者:陈友松[J].浙江教育学院学报,2009(2):26-28.

③ 孙元涛,刘伟.哥伦比亚大学留学归国群体与中国教育学的创建[J].大学教育科学,2020(4):121-127.

④ 各科概况:教育科概况[J].厦大周刊(厦门大学七周年纪念特刊),1928(1):16.

1924 年 5 月，因怨恨校方直接辞退的既定事实，欧元怀等人纠结各科在籍学生，公然挑衅校方权威，妄图颠覆大学管理层。他们不顾行为的合法性和合理性，坚定站在大学管理者的对立面，采取非理性申诉的方式，最终酿成了大规模学潮，直接导致私立厦门大学发生"分家"。教育科是此次学潮中最积极的单位，该科大量师生受到唆使，远遁沪上，使得学科办学遭受重创。[①] 因此，教育学科的承载机构被厦大暂时压制，改为教育学系，依附于文科之下。直到 1926 年春才恢复生气，是年 8 月正式脱离文科，恢复了教育科的机构建制。南京国民政府建立统治秩序后，教育科又改名为教育学院。

20 世纪 30 年代初，受世界性经济危机的冲击，陈嘉庚海外生意亏损严重，支持私立厦门大学的力度减弱，这使私立厦门大学遭遇了经费危机。1936 年，为了节约办学成本，私立厦门大学董事会决议，整合教育学院[②]，缩为教育学系；孙贵定院长引咎辞职，推进李相勖接管院长一职。后来，教育学系并入文学院[③]，充实和壮大了文学院的力量；在人事任命上，李相勖接管了文学院，转任文学院院长一职。

教育学科的机构变化具有灵活性，这一灵活性与学校发展的实际息息相关，总体上符合学校发展的战略需求。

(二)汇聚各方名师

从 1921 年到 1949 年，厦门大学教育学科汇聚了众多名师。据不完全统计，私立厦门大学教育学科的教授至少有 11 位，如欧元怀、孙贵定、邱椿、庄泽宣、姜琦、朱君毅、杜佐周、雷通群、吴家镇、钟鲁斋和李相勖等人。

以孙贵定为例，江苏无锡人，英国爱丁堡大学博士毕业，与林文庆同为校友，1924 年受邀进入私立厦门大学，于教育科任教；是年 6 月学潮中，因支持林文庆观点，教育科孙贵定教授成为不少师生的眼中钉、肉中刺——遭到口诛笔伐。虽然舆论上存在许多证据不足的指责声音，但孙贵定毅然在私立厦门大学任教，被擢升为文科教育学系主任，1926 年 8 月兼任教育科（相当于教育学院）主任，1930

[①] 从另一个角度看，正因为私立厦门大学教育科在籍学生的出离，上海私立大夏大学在创立初期不得不设立教育学科，聘请教育学科的教师，安置教育学科的学生。因此，上海私立大夏大学教育学科的源头在厦门大学，这是一个基本的常识，不容任何雪藏或掩盖，否则会犯数典忘祖的错误。

[②] 因南京国民政府的统一要求，1930 年私立厦门大学教育科改为私立厦门大学教育学院。

[③] 因南京国民政府的统一要求，1930 年私立厦门大学文科改为私立厦门大学文学院。

年改为担任教育学院院长。因无力改变教育学科由"学院"改为"学系"的既定事实,1935 年孙贵定决议辞去教育学院院长之职。随着厦门大学由私立改为国立,1937 年孙贵定随林文庆一同返回上海,在上海各大高校任教。从 1924 年到 1937 年,他为私立厦门大学教育学科付出无数心血,"作出了较大的贡献"[①]。

以邱椿为例,江西宁都人,清华学校毕业,赴美留学,经过哥伦比亚大学师范学院的学术训练后,"习惯于以哲学的、历史的、比较的眼光看待教育问题"[②]。留学归来后,他在北京各大高校任教,探究庚子赔款如何促进中国教育发展[③],讨论新式学校应贯彻的教育政策[④],反思教育独立的社会意义[⑤]等。在第二次直奉战争之后,奉系军阀入主京师,武力控制学界,屠戮李大钊等进步学人,逼迫学人远播闽、粤等地;在此历史背景下,1926 年至 1927 年间邱椿由京南下,在私立厦门大学短暂担任教职。

以庄泽宣为例,籍在嘉兴[⑥]。早年考入清华学校[⑦]。1916 年赴美留学,他先后在俄亥俄州立大学和哥伦比亚大学师范学院学习,以《中国教育民治的趋势》一书最终获得博士学位[⑧]。1922 年归国,庄泽宣回母校清华学校任教;因受不了奉系军阀主导北洋政府实施的文化压迫,他于 1926 年南迁厦门,进入私立厦门大学文科,在教育学系担任教职[⑨]。受当时厦大学潮的波及,他于 1927 年再赴国立第一中山大学,主持该校教育学科的建设,发展教育学科的研究生教育。

以朱君毅为例,浙江江山人,清华学校毕业。毕业后赴美留学,他先后在约翰·霍普金斯大学和哥伦比亚大学师范学院攻读学位[⑩]。1922 年归国,他在北京多所高校有过任教经历,1925 年至 1927 年入清华学校任教授[⑪],积累不少教学经验,取得一定学术声誉。1928 年应教育科孙贵定主任的诚挚邀请,他决定南下厦

① 孙慧.教育家孙贵定生平与著述考[J].教育史研究,2021(3):79-87.
② 李媛.邱椿的中国教育思想史研究[J].教育评论,2019(9):161-168.
③ 邱椿.庚子赔款与教育[J].教育杂志,1923(6):62-76.
④ 邱椿.清华教育政策的讨论[J].清华周刊,1926(8):633-639.
⑤ 邱椿.教育独立的意义[J].国家与教育,1926(4):2-3.
⑥ 教职员介绍:庄泽宣先生:浙江嘉兴人[J].清华周刊,1925(12):22-23.
⑦ 谢长法.庄泽宣的职业教育思想与实践[J].教育与职业,2001(8):58-59.
⑧ 庄孔韶.中国大教育家庄泽宣先生行止:故居、学术与大族传承[J].当代教育与文化,2014(1):92-95.
⑨ 校闻:上星期四之周会:庄泽宣博士演讲[J].厦大周刊,1926(163):6.
⑩ 周正恭.浙江籍现代统计学家:朱君毅博士[J].浙江统计,1997(9):40.
⑪ 教职员介绍:朱君毅先生,朱斌魁字君毅[J].清华周刊,1925(15):36.

门,在私立厦门大学长期任教,将不少精力投入在教育测验的研究上,"对教育测验卓有贡献"。①

以杜佐周为例,浙江东阳人,国立武昌高等师范学校毕业。毕业后远赴美国留学,在爱荷华州州立大学就读,1924年获博士学位。回国之后,他先任国立武昌大学教育系主任,1928年应教育科孙贵定主任的诚挚邀请,他决定南下厦门,继续在私立厦门大学任教,将绝大多数的时间放在人才培养上,"潜心教学,不涉政务"②。

以雷通群为例,广东台山人,"清末留学日本高等师范学校"③,英语学习能力令人瞩目。回国之后,他在北洋军阀政府教育部任职④;后因他多年服务于教育部,且取得了一定的功绩,他被官方允许带薪留学美国⑤,考入美国斯坦福大学,获得硕士学位。1928年,应教育科孙贵定主任之邀,国立暨南大学校长姜琦的推荐,他前往私立厦门大学任教,出版了不少学术论著,致力于中国教育社会学领域的中国化。⑥

以李相勖为例,安徽桐城人,近代皖籍教育家李光炯之侄,清华学校毕业。毕业后赴美留学,他于加州大学获得硕士学位。回国之后,他先服务于安徽教育;1930年任上海浦东中学校长⑦,规划这一中学的改革方略⑧;翌年进入交通大学,任注册组主任⑨。1931年应教育学院孙贵定院长诚挚邀请,他入职私立厦门大学。1935年继孙贵定之后担任教育学院第二任院长,他着力处理教育学院改为教育学系的诸多事宜,机构改革后再任私立厦门大学文学院院长。

名师荟萃带来了大量的教育资源和学术计划,提高了教育学科的学术水平,

---

① 汪新亮,郎山永清,须水安在:统计学家朱君毅及其著作《教育测验与统计》[J].心理学通讯,2021(1):64-68.

② 牟翠荣.杜佐周的校长观及其启示[J].市场周刊(理论研究),2010(5):8-9.

③ 肖朗,许刘英.雷通群与教育社会学"中国化"的早期尝试:学术史的视角[J].华南师范大学学报(社会科学版),2011(3):48-55.

④ 傅增湘.部令:教育部令(二则):教育部令第四〇号(中华民国七年五月七日):兹派视学陆懋德部员雷通群视察奉天吉林黑龙江专门学校[J].政府公报,1918(825):10.

⑤ 部令:指令:第一千三百九十八号(十三年七月十四日):令部员秦文彬、姚士鳌、雷通群:呈一件请维持原案仍准带薪留学由[J].教育公报,1924(8):30.

⑥ 胡金平.论雷通群对教育社会学中国化问题的探讨[J].教育学报,2007(5):71-76.

⑦ 校长:李相勖先生[J].浦东中学期刊,1930(13):1.

⑧ 李相勖.本校改进计画大纲[J].浦东中学期刊,1930(13):4-14.

⑨ 职员:李相勖注册主任[J].交大年刊,1931(1):36.

改善了大学的办学质量,培养了大量的优秀人才。例如1936年毕业生吴江霖,他的本科导师为钟鲁斋;毕业后,他投到萧孝嵘门下,在国立中央大学继续接受研究生教育,因全面抗日战争爆发,终在国立中山大学完成了研究生教育;战后他留学美国,聚焦社会心理学研究,逐步成为"中国著名心理学家,社会心理学权威"[①]。再如1937年的毕业生高时良,他的本科导师为吴家镇,毕业之后他在福建教育厅任职;因全面抗日战争爆发,他在永安坚持教育救国,发展福建国民教育[②]和失学民众补习教育[③];中华人民共和国成立之后在福建师范学院[④]任教,"是位教育史专家,著作等身,现任民革福建省委顾问"[⑤]。这一时期内从厦门大学教育学科走出的毕业生不仅服务于国内的教育事业,还对港澳台地区、东南亚各国的华文教育产生了深远影响。

(三)协调办学资源

当时,私立厦门大学教育学科的办学资源分为三类:一为图书资料,二为实验设备,三为实习小学。如何协调三类教育资源,使之在最大限度上为教育学科的人才培养服务呢?

第一,广储图书资料。据1929年4月统计,教育学科的图书资料分为两项:一项为教育学图书资料(包括挂图在内),另一项为心理学图书资料(包括挂图在内);教育学科的图书资料合计1200余种。仅1929年一年,"最近又增置教育学用书三百八十一种,心理学用书三十五种"。此外,从1929年开始,教育科(包括后来的教育学院)在预算当中将图书资料购置费列为该科的固定开支,"本科图书,必日臻丰富"[⑥]。

第二,更新实验设备。为了发展教育学,私立厦门大学教育学科设有心理学实验室,便于用实验的方法完善教育学理论,推动实践进步。"现有仪器百余种,多购自英、美、德等国,值约八千余元,专供实验"。当时的实验主题至少有10种,包括(1)感觉,(2)知觉,(3)反应的时间,(4)肌肉的疲倦,(5)学习的动机,(6)记忆

① 戴健林.吴江霖教授[J].广州师院学报(社会科学版),1994(1):99.
② 高时良.福建省国民教育的设施[J].教与学,1941(9):30-37.
③ 高时良.失学民众补习教育实施问题[J].国民教育指导月刊(永安),1941(3):5-9.
④ 1953年秋,福建师范学院由福州大学改名而来;该校在"文革"期间停办,1972年恢复大学建制,定名为福建师范大学。
⑤ 宋协和.高时良教授谈高士其[J].科学与文化,1999(1):30-31.
⑥ 教育科概况[J].厦大周刊,1929(厦门大学八周年纪念特刊):24-26.

与遗忘,(7)联想与想象,(8)有意注意与无意注意,(9)暗示,(10)行为模仿等。为了贴近上述实验主题,本校教师还自制各种测验量表,约 300 种。仅 1929 年,心理学实验室正在从事的研究有:"(1)自 6 岁至 18 岁间各岁中国儿童握力之标准分数,(2)中国儿童对于颜色的偏爱,(3)闽南色盲儿童之百分比"等①,这些研究成果以外文公之于世。

第三,经营实验小学。私立厦门大学教育学科附设实验小学,作为"预备教员"——在读大学生的实习、科研场所,在人才培养过程中实现"教学""科研""实践"等相结合。从 1926 年到 1929 年,教育学科师生一直在附设实验小学中探索新学制——以符合中国国情的需要。据载:"本校采用新学制。通常儿童,六年毕业。全校共分为五段,普通一年级之程度一级,二、三年级之程度合为一级,四、五、六年级之程度各一级。至于教学方面,则本实验之精神,将全校分为普通与设计两部。一、二级属设计部,三、四、五级属普通部。设计部第一级指导儿童设计学习;第二级试行分科设计教学法——学习时粗分科目,依一定时间,以设计式游戏法教学,为将来施行混合设计之预备。普通部则,依照部定编制,而以自学辅导法教学。"②

整体而言,当时私立厦门大学教育学科的资源较为丰富。搜集图书资料旨在增加多方参考,更新实验设备旨在掌握和运用科学方法、探索教育心理学的新领域,经营实验小学旨在结合教育理论与办学实践。丰富的教育资源利于大学提高人才培养和科学研究的质量。

(四)打造合作平台

"众人拾柴火焰高",教育学科的发展不是一枝独秀,而是打造一个平台;在这一平台上实现不同层面的合作,如学术出版、教育机关、学术组织等层面的合作。

第一,开启教育学科与学术出版的合作。学科发展与学术出版具有极为紧密的联系,学科发展应体现在学术论著、教材、教学参考书等,学术出版又能规范术语名词,拓展学科理论,奠定学科地位等。当时鉴于国内教育学科的学术资料匮乏,私立厦门大学教育学科与商务印书馆达成合作协议,编著"厦门大学教育科丛书","在编译之中书籍,已有数种,如美国桑代克(Thorndike)教授所著《成人

---

① 教育科概况[J].厦大周刊,1929(厦门大学八周年纪念特刊):24-26.
② 教育科概况[J].厦大周刊,1929(厦门大学八周年纪念特刊):24-26.

的教育》(*Adult Education*)一书,现由本科(注:教育科,相当于教育学院)教授朱君毅、杜佐周两博士担任编译,不久即可出版"。[①] 1929年6月5日,桑代克还专门为中译本作序,内容大致为:"哥伦比亚大学,师范院,研究所之《成人学习实验》一书,现已译成中文,余甚乐为之序。其理由,约有数端:其一,师范院幸有许多中国优秀之青年男女来此研究,实于学术界有莫大之贡献。余对于彼等之热诚好学,及其恒久之谦和态度,实深感激。其次,余对于中国成人教育之工作,颇有感想;希望于最近将来,得愈知其实情。但余深信中国之民众教育,已在稳健、平和、及有成效之大规模中进行。若此书对于从事此事数千万中国男女之教学者,有鼓励及指导上之贡献,则我辈必与有荣焉。其三,无论美国科学研究之结果得灌输于中国,或资格科学研究之结果得灌输于美国,则二国间之误解与偏见,即可消除;而合作与互敬之桥梁,亦可造成。"[②]

第二,开启教育学科与地方教育领导机关的合作。私立厦门大学与近代福建省教育厅间在不少项目上形成合作关系。从1928年8月到1932年12月,程时烜担任福建省教育厅厅长[③],"欲使教育行政及学术研究协同进行"[④],这样有助于教育行政的现代化[⑤]。仅教育学科而言,厦大与福建省教育厅的合作项目有:(1)编写福建省中、小学教师培训讲义;(2)翻译教育学名著;(3)实施福建省中、小学教师培训等。

第三,开启教育学科与地方教育行政机关的合作。私立厦门大学教育学科与思明县教育局开展多次合作,例如孙贵定教授演说《心理卫生》[⑥]、李相勖教授演说《课外活动之价值及其实施步骤》[⑦],钟鲁斋教授演说《新教学法之原则及其特点》[⑧]等。思明县教育局支持教授进入中学演说,像杜佐周教授就受邀考察的双十中学,举行《青年择业问题》的演说[⑨]。

第四,开启教育学科与学术组织的合作。大学是中国近代教育学术的推动

---

① 教育科概况[J].厦大周刊,1929(厦门大学八周年纪念特刊):24-26.
② 朱君毅,杜佐周.成人的学习[M].上海:商务印书馆.1933:1.
③ 陆爽.程时烜时期的福建教育[J].黑龙江史志,2014(5):54-55.
④ 教育科概况[J].厦大周刊,1929(厦门大学八周年纪念特刊):24-26.
⑤ 程时烜."现代教育行政"序[J].教育周刊,1931(98):18-19.
⑥ 孙贵定.心理卫生[J].思明教育,1932(2):2-6.
⑦ 李相勖.课外活动之价值及其实施步骤[J].思明教育,1932(1):12-13.
⑧ 钟鲁斋.新教学法之原则及其特点[J].思明教育,1933(3):2-4.
⑨ 杜佐周.青年择业问题[J].学生杂志,1930(7):9-13.

力,教育学会亦是中国近代教育学术的推动力,大学与教育学会之间存在互动,这一互动"对中国近代教育学术的发展产生了重大而深远的影响"①。1929年中国教育学会在上海正式成立,②逐步按照区域需求扩为多个分会,③上海先成立分会④。1933年中国教育学会在厦门筹设分会,会址定于私立厦门大学,教育学院各位教授为中国教育学会在厦门分会的应然成员,姜琦教授为分会书记员⑤,还吸纳闽南各地知名教师成为分会成员⑥。

近代办学过程中,教育学科打造平台,开展不同层面的合作,这有利于大学服务社会职能的实现,也有利于扩大教育学科的社会影响力。

三、成为高水平教育学科的向度

私立厦门大学教育学科的发展取得了积极效果,这一发展方略为当今的教育学科建设具有积极意义,应重视营造教育需求,保持多样的学缘关系,切实使用学科资源,在平台上深入地推动合作关系等。

(一)重教育需求轻机构地位

高水平教育学科往往会营造教育需求,旺盛的教育需求又能刺激教育学科迈向更高水平。教育需求的营造应成为办学者考虑的头等大事,而不是纠结于教育学科在大学中的地位。

如今,教育学科在中国大学中的机构设置呈现"冰火两重天"。以师范大学为例,教育学科的机构设置得以提升,以"学部"的形式出现,例如北京师范大学2009年组建教育学部,西南大学2011年组建教育学部,东北师范大学2012年组建教育学部,华东师范大学2014年组建教育学部,广西师范大学2015年组建教育学部,华南师范大学2018年组建教育学部,山东师范大学2016年组建教育学

---

① 肖朗,杨卫明.近代中国大学与教育学会的互动及其影响[J].高等教育研究,2011(6):84-91.
② 杂讯:中国教育学会之成立[J].教育杂志,1929(9):142.
③ 肖朗,杨卫明.教育学会与近代中国教育学术的研究和传播[J].河北师范大学学报(教育科学版),2011(3):12-20.
④ 文坛消息:中国:中国教育学会成立上海分会[J].中国新书月报,1932(2—3):31-32.
⑤ 姜琦.分会消息:中国教育学会厦门分会第二次会议纪录(五月二十九日)[J].中国教育学会会友通讯,1933(2):13-14.
⑥ 校闻:中国教育学会厦门筹设分会[J].厦大周刊,1933(20):17.

部,福建师范大学 2019 年组建教育学部,天津师范大学 2019 年组建教育学部,云南师范大学 2019 年组建教育学部,河南师范大学 2019 年组建教育学部,陕西师范大学 2021 年组建教育学部,河南大学 2021 年组建教育学部,深圳大学 2022 年组建教育学部,江西科技师范大学 2022 年组建教育学部等;此外,还有不少高校的教育学科正在雄心勃勃升为"学部"。而以综合性大学为例,教育学科的机构设置呈现下滑趋势,甚至出现裁撤教育学院的现象,如中山大学、兰州大学、南昌大学等,涌出各种各样的埋怨。

对于当前教育学科的"冰火两重天"现象,我们应反思各地师范大学发展教育学科的原因——擅于营造教育需求,向为数众多的中、小学实施影响力,坚定促进国家基础教育持续改革,自然具有勃勃生机。然而,各地综合性大学却不擅于营造教育需求,向省内各大高校的影响力较低,既不能直接推动省属高校进入"一流大学"行列,也不屑指导专科教育升级换代,自然成为综合性大学中可要可不要的"鸡肋"。因此,学科建设应"看到学科对大学发展的实际贡献"[①],实际贡献越大机构的地位越稳固;而不是处处纠结于机构的地位问题。

(二)努力打破单一学缘结构

早在 20 世纪二三十年代,私立厦门大学教育学科在师资队伍上努力实现国际化、现代化和多样化。师资队伍需要国际化,引入欧美等发达资本主义国家教育学的人才培养模式,培养教育学的专门人才,实现教育学科的近代化;师资队伍需要现代化,引入科学实验和社会统计的研究方法,以推动教育学科的科学化水平;师资队伍需要多样化,多样的学缘结构在一定程度上可以提高科研团队成员的工作绩效。[②]

当代中外教育学术交流日渐增多,中国教育学科国际化和现代化的水平整体提高,师资队伍的素养达到一个新高度。随着中国研究生教育的扩展,教育学科本土博士的数量激增,开始流入其他高校,使不少高校师资队伍出现"近亲繁殖"现象,即学缘结构单一。历史经验显示,单一的学缘结构可保持学科发展的稳定性,但很可能聚为一股"尾大不掉"的势力——不利于大学综合治理,阻碍大学持续进步。

---

① 许露.近代厦门大学教育学科的机构嬗变与发展探因[J].山东高等教育,2021(4):79-85.
② 彭娟,张光磊.学缘结构对高校科研团队成员工作绩效的影响[J].中国高校科技,2016(11):22-25.

(三)切实使用学科办学资源

当前,教育学科发展迅速,大学中积累了不少的办学资源,如中外图书资料、中外期刊报纸、各类实验室、实习学校等。这些办学资源只有被充分地使用,才能更好地发挥作用,服务于教育学科专门人才的培养;如果未被合理使用,办学资源就会成为一种浪费。

如何切实使用办学资源将成为教育学科发展的关键难题。受浮躁风气的影响,很多图书资料和期刊报纸成为书架上的"摆设",越来越多的教育学者宁愿去翻阅电子期刊和电子书籍,全然不顾电子期刊和电子书籍中出现的错误,这种利用办学资源的方式值得商榷。受浮躁风气的影响,用实验法发展教育学显得十分困难,极少的学者用实验法发展教育理论,探索教育实践,甚至不少教育学的研究生根本不会实验法,试问:这样如何提高教育学科的质量呢? 还有,不少高校的教育实习如同一场闹剧,校外指导教师不愿指导,校内指导教师"神龙见首不见尾",大学实习生敷衍了事,实习学校在读学生苦不堪言等。如果无法切实使用办学资源,教育学科的发展很可能将进入新的瓶颈期,这一学科的实际贡献将大打折扣。

(四)深入推动平台合作关系

时至今日,教育学科的发展依然要打造一个平台,在这一平台上,实现不同层面的学术合作。如今社会发展迅猛,开展合作的对象早已超出原有的学术出版、教育机关、学术组织等。

如今,教育学科应与互联网平台开展深入合作,这有广泛的合作空间,光明的合作前景。例如,教育学科可以通过互联网平台普及教育科学知识,可以通过互联网平台开展教育文化讲座,可以通过互联网平台讨论学校教育问题,可以通过互联网平台改变教育学术传播的路径等。教育学科与互联网平台的良性互动将成为未来学科发展的新趋势。

对教育学科建设的探讨,不仅要进行理论探索和他国优秀实践的总结,还要擅于从近代教育学科发展史中汲取经验与教训。近代知名大学教育学科的发展为我们提供了精彩案例,值得我们进行更深入的研究。

The Generative Logic and Practical Dimension of the Educational Discipline of Xiamen University in Modern Times

Xu Lu

(Institute of Education at Xiamen University, Xiamen 361005)

Abstract：As the source of the education disciplinesof Fujian Normal University, East China Normal University, Xiamen University and other schools, the private education discipline of Xiamen University was founded in 1921, with a brilliant development history, brilliant academic achievements, and celebrities and scholars.From 1921 to 1937, the private Xiamen University focused on strategies for the development of education disciplines, such as setting up institutions as needed, gathering famous teachers from all walks of life, coordinating school-running resources, and creating a platform for cooperation, so that the discipline was developed rapidly.These school-running practices have certain enlightening significance for the construction of contemporary educational disciplines.

Key words：high-level university; education discipline; the constructions of discipline ; school-running practic

潘懋元
高等教育思想研究

潘懋元与阿特巴赫的三大理论分歧

——兼论高等教育研究的中国气派*

解德渤　马萌迪**

（大连理工大学 高等教育研究院，大连 116024）

摘　要： 潘懋元与阿特巴赫分别是中美两国高等教育研究中的重要人物。虽然二人之间并没有产生直接的学术争鸣，但他们在高等教育研究范式、高等教育发展道路以及高等教育研究立场上的理论分歧，不仅引人注目、发人深思，而且意义重大、影响深远。在高等教育研究范式上，前者秉持"学科论"，后者秉持"领域论"；在高等教育发展道路上，前者强调"借鉴超越论"，后者强调"依附发展论"；在高等教育研究立场上，前者秉承"文化主位论"，后者秉承"文化客位论"。这三大理论分歧映射出中美两国高等教育研究的总体差异，同时折射出高等教育研究的中国气派。由此而言，未来中国高等教育研究需要进一步坚定学科自信、道路自信和文化自信，致力于打造具有中国气派的学科体系、学术体系和话语体系。

关键词： 潘懋元；阿特巴赫；高等教育研究；理论分歧；中国气派

世界高等教育研究领域有两位老者：一位生于 1920 年，一位生于 1941 年。一位是"中国高等教育研究的创始人"[①]，在厦门大学教育研究院工作的潘懋元教授，国内学术界尊称他"潘先生"；另一位是美国比较高等教育研究的著名学者，在波士顿学院国际高等教育中心工作的菲利普·G.阿特巴赫（Philip G.Altbach）

---

　*　基金项目：全国教育科学"十三五"规划青年基金项目"中国大学学科建设的历史考察与实践机制研究（1949—2019）"（CIA190277）。

　**　作者简介：解德渤（1987—　），大连理工大学高等教育研究院讲师、硕士生导师，教育学博士，主要从事高等教育基本理论与元高等教育学研究。马萌迪（1997—　），大连理工大学高等教育研究院硕士生，主要从事学科建设相关研究。

　①　阿里·谢沃.潘懋元：一位中国高等教育学科的创始人[M].高晓杰，等译.北京：高等教育出版社，2006：3.

教授。二人虽然未曾有过直接的学术争鸣,但隐匿的理论交锋与分歧值得深入探究。他们在高等教育研究上的理论分歧已经远远超出个体意义,而获得了更为广阔、深刻的社会意义。这些分歧不仅反映出中美高等教育研究在诸多问题上的认识差异,而且映射出中国气派高等教育研究的端倪,进一步昭示中国哲学社会科学形成特有学科体系、学术体系与话语体系的可能性与可为性。由此来说,我们有必要认真梳理三大理论分歧的具体内容,并在此基础上深入探寻何以形成高等教育研究的中国气派。

一、高等教育研究的范式分歧:"学科论"与"领域论"

高等教育研究究竟是一门学科还是一个研究领域? 尽管关于这个问题的答案五花八门,但学术界大多是基于并围绕"学科论"与"领域论"的纷争而展开的。坦言之,无论是潘懋元教授秉持的"学科取向"还是阿特巴赫教授秉持的"领域取向",并不存在孰对孰错的问题,都是不同社会背景下各自的认识产物,同时体现出世界高等教育研究群体意志的差异特点。

(一)学科取向

作为学科而存在的高等教育学是中国学者不懈打造出的自主创新品牌[①],其中持续做出卓越贡献的首推潘懋元教授。20 世纪 50 年代,我国需要大量的高素质专门人才投入国家建设之中,但当时流行的凯洛夫教育学主要聚焦于普通教育学,并不关注高等教育问题。1957 年,潘懋元等人编写的《高等学校教育学讲义》第一次正式发出建立一门"高等学校教育学"或"高等专业教育学"的呼喊。[②]无疑,这是高等教育学产生的学科萌芽,但这个脆弱的萌芽后因历史原因一度进入休眠期。直到十一届三中全会,改革开放的春风为尘封已久的学科萌芽提供了适宜的社会环境。1978 年,年近花甲的潘懋元在厦门大学学报发表《必须开展高等教育的理论研究——建立高等教育学科刍议》一文,其中旗帜鲜明地阐述了高等教育与普通教育的不同,并坚定不移地提出建立一门新学科——"高等教育学科"。不止于此,他还不辞辛劳、奔走呼号,他的倡议得到了广大教育同人的积

---

① 李均.开拓中国高等教育学科自主创新之路:论潘懋元高等教育理论的国际视野与本土情怀[J].山东高等教育,2015(10):73-82.

② 潘懋元.高等教育学讲座[M].北京:人民教育出版社,1983:26.

极响应,也获得了教育行政部门的大力支持。历时三年多的发起、筹备工作,中国高等教育学会于 1983 年 5 月正式成立。1983 年,国务院学位委员会正式将"高等教育学"列为独立的二级学科。这意味着高等教育学的学科身份获得了行政意义上的认可。1984 年,潘懋元领衔主编的《高等教育学》一书由人民教育出版社和福建教育出版社联合出版,这标志着高等教育学作为一门学科正式独立。此后,高等教育学的学科发展驶入快车道,北京大学陈洪捷教授对此有言:"在1980 年代中期,全国有 600 多家高等教育研究机构,并出版有大量的高等教育研究一类的学术期刊。高等教育研究受到如此之重视,这在世界范围内可以说是绝无仅有的。"[①]为进一步加强高等教育基本理论研究,在潘懋元教授等人的建议与筹备下,全国高等教育学研究会于 1993 年 10 月正式成立,一度掀起学科体系建设的讨论热潮。自 1997 年"天津会议"之后,潘懋元教授提出的理论研究与应用研究"两轨并行,有所交叉"成为高等教育学学科建设的重要指导思想。受伯顿·克拉克的启发,潘懋元教授团队历时四年于 2001 年出版了《多学科观点的高等教育研究》一书,这为高等教育学的学科建设提供了新的研究方法与更为广阔的研究思路。实事求是地说,潘懋元教授对高等教育学的跨世纪探索勾勒出一门"土生土长"学科的发展轨迹。他用毕生的心血秉承"学科论"、发展"学科论"、践行"学科论",当之无愧地成为"高等教育学的'中国符号'"[②]。

不仅如此,潘懋元教授对高等教育学的这份赤诚与信念感染了许多研究者,他们对高等教育研究的"学科取向"进行了丰富与发展。有研究者从学科成熟度的角度认为,高等教育学是一门"正在走向成熟的学科";也有研究者相比于经典学科提出,高等教育学是一门"现代学科";还有研究者从学科严密程度提出,高等教育学是一门"松散学科";另有不少研究者从学科建制角度提出,高等教育学理应从"二级学科"升为"一级学科"。值得说明的是,之所以高等教育学"升一"论的声音日渐高涨,主要为了应对现实危机、扩大制度红利、巩固学科地位,许多研究者在教育学门类的大框架之下提出的"并列方案""更名方案""行业取向方案"等均难以得到各方的广泛认同。[③] 2021 年,百岁老人潘懋元教授独辟蹊径提出,将高等教育学以一级学科列入交叉学科门类。[④] 相比其他方案,高等教育学

① 陈洪捷.北大高等教育研究:学科发展与范式变迁[J].北京大学教育评论,2010(4):2-11.
② 邬大光.潘懋元:高等教育学的中国符号[J].高等教育研究,2020(7):1-12.
③ 杨家榜,苏林琴.高等教育学"升一"论述评[J].现代大学教育,2021(1):10-18.
④ 潘懋元,陈斌.论作为交叉学科的高等教育学[J].高等教育研究,2021(4):56-60.

学科建设的"交叉方案"体现出潘先生高屋建瓴的实践智慧。不得不说,倘若没有潘懋元教授等人的积极倡议与大力推动,高等教育学的产生恐怕会需要更长的时间;倘若没有潘懋元教授等人的默默耕耘与长期坚持,高等教育学的发展恐怕难以达到今天的光景。

由上可知,高等教育学的创建与发展是基于中国社会历史发展的需要,也是回应中国高等教育发展与变革的需要,即高等教育学40年来的学科创业历程始终根植于中国需求,从而探索出了一条符合中国国情的学科自主发展之路。尽管有学者也毫不讳言地指出,学科取向不过是一种有必要的"话语策略",[①]但正是由于潘懋元教授等一大批研究者深刻认识到"名正方可言顺",即学科建制在中国语境下对学科发展具有不言而喻的重大意义,获得行政建制的高等教育学才能够呈现出如今蓬勃发展的态势。可以预见到,我国学术界积极在外部建制上争取高等教育学升级为"一级学科"的努力不会停歇。与此同时,以元高等教育学的视角来审视高等教育学的概念、理论以及方法论等研究开始崭露头角,这将有助于从学科知识这一内部标准对其予以丰富、扩充、修正与完善。

(二)领域取向

在西方语境下,"学科"是伴随着知识的分化、集聚而逐渐形成的。15世纪起,在科学浪潮的冲击下,知识开始逐步分化。18世纪末,现代意义上的诸学科相继正式诞生,但此时的学科多为从自然哲学中分化而来的自然科学。19世纪中后期,社会学、政治学、经济学、人类学等社会科学也从哲学这一母体学科中脱离出来,并取得了相应的学科身份。从西方学科发展简史来看,一个知识领域如果想要获得学科身份,就需要具备如同物理学、数学等学科的"科学化"标准。当然,即便是已经获得学科身份的社会学也时不时遭遇学科合法性危机。这也就意味着,学科的产生不仅是自然形成,还需要人为建构。在许多研究者的努力下,教育学在19世纪末终于成为一门学科,但由于低下的社会地位,也不过沦为一门"捉摸不定""困扰不断"的科学。[②] 参照观之,高等教育研究在美国很难发展成为一门学科,诸多因素塑造并建构了这样的社会现实与制度惯习,并与文化认

---

① 阎光才.高等教育研究的学科化:知识建构还是话语策略?[J].北京大学教育评论,2011(4):62-69.

② 埃伦·K.拉格曼.一门捉摸不定的科学:困扰不断的教育研究的历史[M].花海燕,等译.北京:教育科学出版社,2006:5-10.

知之间形成一种双向建构关系,巩固并强化着作为领域的高等教育研究。

阿特巴赫对高等教育研究现状表达出这样的观点:"高等教育研究是一个相对崭新和欠发展的研究领域。"①之所以说是一个相对崭新的研究领域,这是因为"高等教育"在美国作为一个研究领域也不过是 20 世纪中叶的事情,在此之前尽管有一些零散的研究,但教育研究人员和社会科学研究者忽视了中学后教育研究,这是一个不容回避的事实。之所以说是一个欠发展的研究领域,在阿特巴赫看来,高等教育研究具有以下表征:学科基础仍比较缺乏,学科范围尚不清晰,广泛认同的理论不多,经费投入依然甚少,研究人员数量不足等。正因如此,阿特巴赫在总体上对高等教育研究的发展前景保持乐观但审慎的态度,"高等教育是一个可探究的交叉学科领域。它不会以一个独立学科的形式出现"②。阿特巴赫充分认识到,跨学科对高等教育研究具有双重作用:一方面,其他学科视角、方法、观点的借鉴使得创新性研究成果成为可能;另一方面,学科自主性遭到极大挑战,阻碍了高等教育研究作为一个长久性学术领域的创建进程。

以阿特巴赫为典型代表的许多美国学者秉持高等教育研究"领域论",他们的这种观念是被历史逐步建构起来的。1893 年,斯坦利·霍尔(G.Stanley Hall)就在美国创办了第一个高等教育专业研究生项目,并寄希望于用实验数据来提升研究本身的科学性。③ 遗憾的是,尽管研究者们做了大量的工作、付出了许多努力,但还是未能获得学术界的普遍认可,即美国高等教育研究"科学化"的尝试遭遇搁浅,从而迈向学科的愿望破灭。1974 年,德雷索和马瑟这样描述美国高等教育研究状况:"广泛接受的学科标准是,一个至少能够被合理地进行某种逻辑分类的知识总体。……然而,日益增长的高等教育文献所提供的多是作者的观点,而不是关于高等教育现象的知识。"④加之,以问题解决为导向的院校研究日渐盛行,以项目为依托的科研资助模式转变,不少学者加入高等教育研究这一跨学科领域。比如,阿特巴赫、伯顿·克拉克(Burton R.Clark)、马丁·特罗(Martin

---

① 陈洪捷,施晓光,蒋凯.国外高等教育学基本文献讲读[M].北京:北京大学出版社,2014:25.

② 陈洪捷,施晓光,蒋凯.国外高等教育学基本文献讲读[M].北京:北京大学出版社,2014:36.

③ 赵炬明.学科、课程、学位:美国关于高等教育专业研究生培养的争论及其启示[J].高等教育研究,2002(4):13-22.

④ 赵炬明.学科、课程、学位:美国关于高等教育专业研究生培养的争论及其启示[J].高等教育研究,2002(4):13-22.

Trow)等都来自社会学,西摩·马丁·利普塞特(Seymour Martin Lipset)来自政治学,克拉克·克尔(Clark Kerr)、霍华德·鲍恩(Howard Bowen)来自经济学,斯坦利·霍尔来自心理学。这意味着,作为领域而存在的高等教育研究是话语建构意义上的一种社会现实,也是基于社会现实的一种话语建构结果。

除美国的阿特巴赫之外,英国的克里夫·H.丘奇(Clive H.Church)、马尔科姆·泰特(Malcolm Tight)以及德国的乌尔里希·泰希勒(Ulrich Teichler)等也将高等教育研究视为一个跨学科或多学科领域。[①] 这种较为一致的认识是欧美学术界的主流观点,这是基于学术发展史的一种建构性产物。我国不少学者也受到"领域论"的影响,如赵炬明[②]、袁本涛[③]、刘海峰[④]等。归根结底,作为领域而存在的高等教育研究可以摆脱学科压力,以一种更加灵活的跨学科姿态开展研究。这在很大程度上适应了其研究范围的模糊性、研究主题的复杂性、研究方法的多元化、研究目的的应用性以及资助模式的项目化等特点。即美国高等教育研究在尚不具备内部合法性的条件下,充分利用美国灵活的科研资助模式,通过大力开展院校研究与跨学科高等教育研究,取得了较为丰硕的成果。显然,阿特巴赫秉持的"领域论"是基于并契合美国高等教育研究状况的产物。

二、高等教育发展的道路分歧:"借鉴超越论"与"依附发展论"

中国高等教育发展道路究竟是借鉴超越的还是依附发展的?潘懋元与阿特巴赫对此分别形成了"借鉴超越论"与"依附发展论"两种截然不同的观点。这种总体性判断关乎道路自信问题,不仅映射出对中国高等教育百余年发展史的整体评价,而且影响着当前及未来中国建设高等教育强国的态度与决心。

(一)依附发展论

"依附理论"于20世纪60年代兴起于拉美国家,旨在探讨发展中国家处于依

① 陈洪捷,施晓光,蒋凯.国外高等教育学基本文献讲读[M].北京:北京大学出版社,2014:5-45.

② 赵炬明.学科、课程、学位:美国关于高等教育专业研究生培养的争论及其启示[J].高等教育研究,2002(4):13-22.

③ 袁本涛.在学科与领域之间:制度化的高等教育研究[J].北京大学教育评论,2011(4):70-76.

④ 刘海峰.高等教育学:在学科与领域之间[J].高等教育研究,2009(11):45-50.

附地位的原因以及如何走出依附困境的宏观发展理论。"中心—边缘"是依附论学派借用阿根廷经济学家劳尔·普雷维什(Raúl Prebisch)思想所建立的分析框架,他们认为第三世界国家无一例外均是边缘国家。阿特巴赫是在高等教育领域倡导依附论的代表人物。在他看来,发达国家的大学处于世界学术系统的中心,它们才是知识的创造者,往往位于金字塔顶端且发挥领导作用,而第三世界国家的大学处于世界学术系统的边缘,它们只是知识的消费者,往往处于金字塔底端,只会照搬或依附于中心大学的发展模式。更残酷的是,阿特巴赫对第三世界国家与发达国家之间这种不平等的学术体系之改变表现出悲观态度,并强调由于历史传统、语言、科研、出版、人员交流以及教育援助等诸多因素的综合作用使得原本就不平等的关系得以维系甚至是加剧。[①] 阿特巴赫早在 1993 年发表的《巨人的边缘:世界知识体系中的印度和中国》一文中,就毫不客气地抛出"中国在世界知识体系中处于边缘地位"的论调。国内不少阿特巴赫的追随者同样认为,中国高等教育百年发展历程表现出"依附发展"特征,[②]甚至有人将其视为"一部依附发展的历史",[③]并强调"依附发展"是后发型国家迈向现代化的捷径。[④]

进入新世纪以来,中国高等教育取得了举世瞩目的成绩,阿特巴赫对中国高等教育从"边缘"走向"中心",建设高等教育强国,乃至建成世界教育中心,持有乐观但审慎的态度。他在 2010 年发表的《巨人觉醒:中国和印度高等教育系统的现在和未来》一文中指出,中国"院校系统的规模位居世界的最前列",但"是否具有全球竞争实力确实是最难确定的","要达到系统自身整体的卓越和效率还需要对其进行改进"。[⑤] 在中国建设高等教育强国这一问题上,阿特巴赫这样提醒到:"作为高等教育强国就要扮演高校治理与学术研究引路人角色,单纯地模仿或输入其他国家的体制是承担不起这种角色的。"[⑥]言外之意就是,中国大学的崛起必然需要在大学发展模式上有所创新而非模仿,尤其是在大学治理和学术研究上发挥引领作用。但同时,阿特巴赫又强调中国应该借鉴其他国家的高等教

① 菲利普·G.阿特巴赫,蒋凯.作为中心与边缘的大学[J].高等教育研究,2001(4):21-27.

② 袁本涛.依附发展:20 世纪中国高等教育发展的重要特征[J].教育发展研究,2000(6):46-48.

③ 张珏.百年来中国高等教育依附式发展的反思[J].现代大学教育,2002(3):67-70.

④ 刘健.高等教育的依附发展与学术殖民[J].高等教育研究,2008(6):8-11.

⑤ 菲利普·G.阿特巴赫,覃文珍.巨人觉醒:中国和印度高等教育系统的现在和未来[J].大学教育科学,2010(4):3-17.

⑥ 陈廷柱,姜川.阿特巴赫教授谈中国建设高等教育强国[J].大学教育科学,2009(2):5-8.

育发展理念,特别是美国的学术自由、竞争意识和服务精神。显然,阿特巴赫的矛盾心态与纠结心理显露无遗:一方面奉劝中国大学独立自主地开展体制创新,另一方面要求中国大学接受美国的成功经验。这种话语力量的支配作用,虽是无形的却是深刻的,往往以一种学术观点的面貌成为新殖民主义的一把匕首,挫伤后发型国家自主探索的热情,我们对此必须抱有清醒的认识。至于中国能否建成世界高等教育中心这一问题,阿特巴赫认为知识在迈向去中心化,未来中国可以成为一个世界科学中心和教育中心,但只是"之一"而不是"唯一"。[①]

不容否认,阿特巴赫从研究关怀的视角为第三世界国家包括中国的高等教育发展提出了一些建议。譬如:边缘大学可以通过阐释本土文化、解决本土问题的方式成为文化与批判中心,运用本国语言进行研究和分析,加强财政投入的延续性,更加关注基础研究,增强大学与社会之间的联系,打破官僚体制对大学自治与独立精神的束缚等。[②]但是阿特巴赫的基本态度并未发生实质性改变,因为学术殖民主义使得第三世界国家(包括中国)深深地被西方的学术模式和管理模式影响着,并会持续相当长的一段时间。[③]同时值得注意的是,从1993年的"巨人边缘"到2010年的"巨人觉醒"再到2018年"一些顶尖中国大学已经成为世界中心的一部分而不再是边缘",这些观点的悄然变化说明阿特巴赫对中国高等教育的认识逐步深化。在华南师范大学李盛兵教授与其对话中,阿特巴赫承认自己在1993年说的中国不可能也没有能力投入巨资建设一流大学是错了。[④]这在很大程度上说明,中国高等教育以自身发展实际证明了阿特巴赫教育依附理论以及高等教育中心—边缘分析框架的局限性。

(二)借鉴超越论

在阿特巴赫的理论传入国内后,许多学者参照依附理论来解读中国高等教育发展的历史与现实。在此情形之下,潘懋元在2005年、2009年、2017年发表文

① 李盛兵.中国成为世界教育中心八问:与菲利普·阿特巴赫教授的对话[J].教育发展研究,2018(17):1-5.

② ALTBACH P G.World class worldwide:transforming research universities in asia and latin america[M].Baltimore:The Johns Hopkins University Press Baltimore,2007:56.

③ ALTBACH P G.The western impact on asian higher education[J].Academic Publishers,1989:14-17.

④ 李盛兵.中国成为世界教育中心八问:与菲利普·阿特巴赫教授的对话[J].教育发展研究,2018(17):1-5.

章对这种危险的学术立场进行了较为彻底的批判,主要体现在如何正确认识中国高等教育百年发展史和如何正确认识中国建设高等教育强国两大主题上,并旗帜鲜明地提出并证明了高等教育发展的"借鉴超越论",具有以正视听、坚定自信的重要作用。

潘懋元对高等教育"依附发展论"的质疑主要集中在前提性批判和多案例循证上。在前提性批判方面,依附理论涉及的基本概念、学术立场和研究方法值得反思;将依附理论套用至高等教育研究领域值得商榷;将中国高等教育近代化归结为依附发展,未免以偏概全。在批驳过程中,潘懋元一针见血地指出,依附理论的实质是用西方的话语体系来消解第三世界国家的自主发展权。[①] 在多案例循证上,潘先生以拉美国家为例,说明依附发展呈现出强烈的"目标依赖""模式依赖""路径依赖",但中国不同于拉美。尽管中国高等教育曾向日本、德国、美国以及苏联学习,但从来不是对某一国家高等教育模式的照搬照抄,而是在逐步探索中形成了具有民族特征、扎根文化土壤、符合实际需要的中国特色的教育制度与理论。从世界高等教育中心历史转移的角度,说明如今德国、美国、日本等高等教育强国的崛起之路都不是依附发展道路,而是在借鉴基础上不断走向超越之路。这种"以子之矛攻子之盾"的论证思路不禁令人称奇。

在批判的基础上,潘先生尝试对"借鉴超越论"进行理论思索与建构。他通过依附发展与借鉴超越两种发展道路的对比,从概念解析、理论内核、现实依据以及实践路径等维度完成了对"借鉴超越论"的初步刻画。就概念解析而言,"借鉴"意味着主动学习、批判学习,这是发展的手段;"超越"意味着缩小差距、迎头赶上,这是发展的目标,二者是手段与目标的有机统一。借鉴超越的过程就是对外依赖程度不断降低、独立自主意识不断增强、自身发展模式日益鲜明的过程;就理论内核而言,"借鉴超越论"强调后发型国家发展高等教育关键在于充分尊重发展的自主性、学习的主动性,即主体意识是区别借鉴与依附的根本标志;就现实依据来说,透过西北联大办学特色,我们可以看到抗战时期办学者们传承民族文化的艰辛努力与孜孜不倦的育人精神;[②]透过中国高等教育学的创建,我们

---

① 陈兴德,潘懋元."依附发展"与"借鉴—超越":高等教育两种发展道路的比较研究[J].高等教育研究,2009(7):10-16.

② 潘懋元,张亚群.薪火传承 文化中坚:西北联大的办学特色及其启示[J].西北大学学报(哲学社会科学版),2013(1):5-11.

可以看到中国高等教育学人敢于自主创新的勇气；[①]透过中国独创的自学考试制度，我们可以看到改革开放后学者们结合中国国情、冲破教育桎梏、解决中国问题的大胆创新；[②]透过独立学院的发展，我们可以看到面对高等教育大众化开创高等教育独特发展路径的中国智慧。[③] 就实现路径而言，增强主体意识、守望文化自觉，在学习与借鉴中探索高等教育独特发展模式。

在高等教育强国建设问题上，潘懋元秉持积极乐观、满怀期待的态度。他的总体观点是，"双一流"政策为高等教育强国建设注入强大动力，[④]中国与世界高等教育强国间的差距不断缩小。[⑤] 但受西方国家大学排行榜的影响，世界一流大学基本被固化为若干所精英化的研究型大学。在他看来，这种被建构起来的认识不仅是值得商榷的，而且容易打击地方本科院校的办学热情。因为世界一流大学都不是依照某种固定模式发展起来的，而是在漫长的自主探索中实现个性与共性的有机统一。与阿特巴赫所强调的中国建设高等教育强国需要接纳美国的学术自由、竞争意识和服务意识等不同，潘懋元则异常清醒地认识到，建设世界一流大学更应该注重从我国国情出发，紧密对接社会需求、科技前沿和产业发展，更加重视地方本科院校在高等教育强国建设中的重要作用。[⑥] 这说明，潘懋元先生提出的"借鉴超越论"更加强调立足本土国情、坚定文化自信，为中国特色的高等教育发展之路指明了方向，同时给予第三世界国家独立自主地发展高等教育事业以美好希冀。

三、高等教育研究的立场分歧："文化主位论"与"文化客位论"

潘懋元与阿特巴赫在高等教育研究范式与高等教育发展道路上的分歧属于显性分歧，在其背后还存在高等教育研究立场上的隐性分歧。在人类学那里，学

---

① 潘懋元，陈兴德.依附、借鉴、创新？：中国高等教育学科建设之路[J].北京大学教育评论，2005(1)：28-34.

② 潘懋元.中国独创的教育基本制度：《自学考试制度研究》简介[J].教育与考试，2009(2)：5-6.

③ 潘懋元，吴玫.独立学院的兴起及前景探析[J].中国高等教育，2004(Z2)：31-32.

④ 潘懋元."双一流"为高等教育强国建设注入强大动力[N].人民日报，2017-11-19.

⑤ 陈兴德，潘懋元."依附发展"与"借鉴—超越"：高等教育两种发展道路的比较研究[J].高等教育研究，2009(7)：10-16.

⑥ 潘懋元.做强地方本科院校　建设高等教育强国[J].井冈山大学学报(社会科学版)，2010(1)：77-79.

术研究包括主位研究和客位研究两种视角,主位研究是指用当地人自身的观点去解释研究对象,而客位研究则是用调查者的观点去解释研究对象,[①]在深层次的文化层面表现为文化主位与文化客位。面对中国高等教育的发展问题,潘懋元先生是实践者与参与者,在研究立场上属于文化主位论。面对第三世界国家(包括中国)高等教育的发展问题,阿特巴赫则是调查者与观察者,在研究立场上属于文化客位论。正是由于潘懋元与阿特巴赫在生长环境、学习经历、学术历程以及所处国家等方面的差异,二人形成了不同的研究立场与价值关怀。

(一)文化主位论

潘懋元行于实践、疑于实践、思于实践、答于实践,是中国高等教育发展的实践者与参与者。他出生于广东潮汕的一个小渔村,6 岁就跟着比自己年长的哥哥学习,8 岁便插班进入了初小三年级。在求学过程中,他展露出很强的逻辑思维能力与写作才能。[②] 追寻他的为师经历,15 岁初中毕业后为期半年的兼职经历就是一个重要的起始点,这不仅激发了他心中的教育情怀,也使他意识到若想成为教师就必须进行更为系统的学习。几经努力,他成功考取厦门大学教育学系,开始了一边念大学课程、一边在中学教课的生活。[③] 这段特别的经历为他后来从事教育研究埋下了理论根基、打下了实践基础。新中国成立后,潘懋元又经由厦门大学推荐赴中国人民大学进修研究生,后因院系调整进修研究生的课程归属于北京师范大学。由此可以看出,潘懋元先生的学习经历是在中国教育体系下展开的,时代印记与教育情怀早已潜移默化地烙印在他的学习经历与思维方式之中。

对于为何会从事高等教育研究,潘懋元这样回答:"起因是当时给大学生和大学干部上教育学时的失败。"[④]当时师范学校所教授的教育学多适用于中小学,而并不适合大学生。这件事使潘懋元认识到建立一门高等教育学科是十分必要的。于是,自 20 世纪 50 年代,潘懋元开始为中国高等教育学学科建设而持续努

① 卢卫红.人类学"主位—客位"方法在科学史研究中的应用[J].自然辩证法研究,2013(3):69-73.

② 肖海涛.由诚而成懋业,敢闯而创新元:潘懋元先生的学术人格与创造性研究[J].大学教育科学,2016(1):4-11.

③ 潘懋元.对高等教育若干问题的思考:潘懋元先生访谈[J].西北工业大学学报(社会科学版),2018(2):26-30.

④ 潘懋元.潘懋元论高等教育[M].福州:福建教育出版社,2000:24.

力、为回应中国高等教育实践与变革而默默耕耘。他一再强调,高等教育研究者要承担起自己的责任,既要瞄准学术发展前沿以拓宽视野,又要重视教育科学研究发展与改革以打造中国特色。他所关注的高等教育大众化、高等教育强国建设、民办高等教育、应用型人才培养、大学教师发展以及未来教育变革等诸多领域,大多都是为了解决中国高等教育发展与变革中的实际问题而展开的。面对高等教育大众化所带来的一系列问题,他提出多元化的高等教育质量观;在从高等教育大国向高等教育强国转变过程中,他特别强调要融入中国文化,彰显中国魅力;面对现实国情,他提出民办高等教育发展介于非营利与营利性之间的第三条道路;[①]面对现代化建设对人才的需求问题,他提出应用型本科院校应通过产学研结合的方式培养服务地方的创新人才;面对大学教师发展问题,他提出教师发展要注重自主性、个性化而非被动培训;[②]面对未来教育发展,他前瞻性指出,未来我们很有可能不只是面向人才培养还要面向机器人培养。诸如此类,潘懋元先生提出了许多代表性的观点,而这些观点都是来源于他在实践之中的困惑,淬炼于他对实践认识的反复思考。

作为一位中国高等教育发展的见证者,潘懋元先生的研究始终秉承文化主位论,扎根中国大地做高等教育研究:身体力行的工作经历使他坚信高等教育研究在应然层面是一门学科,在实然层面也是一门学科;思于实践的研究历程使他笃定中国高等教育是在"借鉴—超越"的过程中发展起来的;融于实践的文化立场使他形成"为国研究"的学术立场与价值关怀。

(二)文化客位论

阿特巴赫透过"玻璃窗"阐述自己的所见、所感、所解,是中国高等教育的调查者与观察者。他出生于芝加哥大学旁边的海德公园附近。作为一座经济发展迅速且充满活力的城市,芝加哥呈现出高度的多元化,各种类型的学校都有所涵盖,但各学校对待多民族关系的态度迥然不同。这些都悄悄地影响着阿特巴赫早期的学习与生活。阿特巴赫小学与初中均就读于芝加哥公立学校,步入初中的阿特巴赫曾有两年就读于海德高中,这是一所当时的名校。虽然学校内80%

---

① 潘懋元,邬大光,别敦荣.我国民办高等教育发展的第三条道路[J].高等教育研究,2012(4):1-8.

② 潘懋元.大学教师发展论纲:理念、内涵、方式、组织、动力[J].高等教育研究,2017(1):62-65.

的学生都是非裔,但因为其实行严格的教学分轨制,所以在许多课程上仍是以白人与亚洲人为主体的。而后两年阿特巴赫就读于南岸中学,这所学校的教学没有实行分轨制度,且当时正值美国反共产主义盛行,他加入了青年会,也时常去市中心参加一些活动。不同学校对多民族的态度在中学时代的阿特巴赫心中埋下了一颗兴趣的种子,这种政治文化的浸染对他日后的研究也产生了较大影响。1959年1月,由于参加了芝加哥大学的预修课程且顺利完成,阿特巴赫提前一学期高中毕业,投入到了大学的学习之中,以严格的通识课程著称的芝加哥大学让阿特巴赫按照自己兴趣选修了比较宗教学、南亚文化、中华文明等课程。[①] 由此可见,阿特巴赫的学习经历是在美国教育体系下展开的,中学时代的政治启蒙、大学时代的国际视野以及美国独有的文化精神潜移默化地深嵌于他的思考方式与学术研究之中。

阿特巴赫之所以关注发展中国家的高等教育,大多是兴趣使然。1962年,阿特巴赫本科毕业后一心想要从事教育职业。于是他选择开始攻读教育管理硕士学位,研究方向为教育政策。在学习过程中,阿特巴赫发现自己对比较教育研究更感兴趣。于是,1963年他开始在比较教育学中心攻读博士学位。在此期间,阿特巴赫因深受爱德华·希尔斯教授的影响,开始十分关注发展中国家的高等教育,博士论文主要关注的是孟买学生政治运动的历史。在此之后,阿特巴赫的学术兴趣之一就是第三世界国家高等教育。大量的工作经历为阿特巴赫开展比较教育研究提供了有利条件。1965年至1967年,阿特巴赫在哈佛大学社会学系担任授课型教师的工作并进行博士后研究。之后,他在就任威斯康星麦迪逊分校和纽约州立大学布法罗分校教师时,同时兼任多家高等教育期刊及丛书主编。不仅如此,阿特巴赫还担任多个国家及地区的教育发展组织顾问。1977年发表的《观念的奴役:教育、依赖与新殖民主义》阐明了阿特巴赫的基本立场:发展中国家与发达国家的教育关系是不平等的,背后反映出知识与政治之间的复杂关系。1979年,阿特巴赫在《比较高等教育:研究趋势与文献目录》中为比较高等教育研究设计了一个基本框架,映射出其在比较教育研究中作为观察者的文化客位立场。

面对高等教育国际化的诸多问题,阿特巴赫是通过间接信息得出目前高等教育发展相对低迷的结论。面对第三世界国家高等教育的发展困境,阿特巴赫

---

① 菲利普·G.阿特巴赫,张炜,刘进.高等教育的复杂性:学术与运动生涯[J].中国高教研究,2018(5):10-19.

是以美国一流研究型大学为范本而提出大学自治等建议的。对于中国建设高等教育强国的看法,阿特巴赫是根据他所看到的中国高等教育发展状况而加以阐述的。虽然阿特巴赫曾多次到访中国,同时兼任多所高校的客座教授,但他没有真正参与其中,没有亲身体验的经历,因此阿特巴赫并没有打破自身作为观察者的身份。美国教育体系下的学习经历使他对高等教育研究是一个研究领域,且只能够是一个领域从未有所质疑。比较研究视野下对中国高等教育的间接认识使他认为中国高等教育是依附于西方发达国家而发展起来的。西方文化的浸染使他认为与西方模式相一致的大学才有可能成为一流大学。身处实践之外的文化客位立场使得阿特巴赫拥有了"中心—边缘"的学术观点与研究落点。相比之下,加拿大的许美德教授深入中国高等教育实际,提出"中国大学模式"的命题、提倡"文明对话论",彰显出对中华文明的期待、对中西文明对话的期待。

四、高等教育研究的中国气派何以形成

潘懋元与阿特巴赫之间理论分歧的产生主要源于文化土壤的不同,从而表现为研究立场上的根本差异。可以说,二者之间的理论分歧不仅是两位学者隐匿的思想交锋,也是两个不同学派之间隐匿的观点交锋,更是中美两国在高等教育研究中隐匿的文化交锋。中国若要在交锋之中不迷失自我,就要努力形成高等教育研究的中国气派,即坚定学科自信、道路自信与文化自信。

(一)坚定学科自信

学科自信是高等教育研究中国气派形成的基础。这种学科自信是研究者对作为学科而存在的高等教育学在历史传统、理论创造、实践创新及国际交流等方面内生出来的一种效能感与坚定感。它不仅体现为高等教育学人开创历史传统的锐气,而且显示为进行理论创造的勇气,还展现为高等教育学人指导高等教育实践的底气,更标识为高等教育学人开展国际学术交流的志气。从现实来看,历史传统的锐气仍要继承、理论创造的勇气尚需加强、指导实践的底气略显不足、国际交流的志气有待提升。

学科自信并非研究者在学科建立之初自然产生的,往往是在发展过程中逐步获得自我认可与悦纳的。从历史传统角度看,高等教育研究在国外并不是一个被承认的学科,但在中国经过40年的快速发展已经成长为一个极具影响力的学科群。学科发展确实是一个自然生长的过程,更是一个社会建构的过程。高等教育学能够作为二级学科存在,是老一辈研究者奔走努力的结果。当前及未来一段时期内,学人仍需继承老一辈开创历史传统的锐气,为作为一级学科的高等教育学不懈努力。在理论创造方面,高等教育学人能够走进实际、观察实际、体验实际,形成了"文化素质教育""学科建设""金课""课程思政"等本土概念,还形成了"教育内外部关系规律学说""高等教育生命论""高等教育关系论""高等教育类市场化理论"等本土理论,但是研究者仍需要在学术体系和话语体系上着紧用力。在实践创新方面,高等教育研究者为破解中国高等教育发展过程中所遇到的诸多重大问题出谋划策,如高等教育大众化、民办高等教育分类发展、地方本科院校转型发展、现代大学制度建设、"双一流"建设、高等教育普及化等,但是这些研究大多着眼于政策解释,而真正能够影响决策、指导实践的凤毛麟角,是故突破固化思维、深入实践情景是接下来的重要任务。在国际交流方面,研究者的学术不自信表现得尤为明显,即习惯采用甚至套用国外的概念、理论解释中国高等教育、评判中国高等教育,并以此来证明自身研究的合法性。就此来说,高等教育研究者需要增强知识生产的原创能力、秉承学术交流的平等态度,以学术自信的姿态迈上国际舞台。

(二)坚定道路自信

道路自信是高等教育研究中国气派形成的核心。中国特色高等教育发展道路的探索、开辟与行进过程映射出逻辑与历史的辩证统一,是我们过去、现在与将来坚定道路自信的根由。从历史来看,中国作为"后发外生型"国家面对其他国家的冲击与压力,在吸收先进文化的同时探索出具有中国特色的高等教育发展道路。就现实而言,中国高等教育已经形成了具有本土烙印的独特符号,面对全球教育治理也能贡献"中国方案"。着眼未来,中国高等教育发展道路在中国特色社会主义理论体系指导下会越走越宽阔,得到世界范围内的广泛认可。

"中国高等教育发展道路"承载着高等教育研究者开拓创新的实践精神,饱含着他们强烈的历史使命感,彰显着高等教育研究者的远大理想。"中国高等教育发展道路"既包括实践形态的"中国道路"又包括理论形态的"中国道路"。它们的相互作用为"中国道路"奠定根基。实践与理论的相互作用使得中国高等教育的昨天与今天相连在一起,使得研究者们不断反思与创新,使得我们在面对别人的质疑声音时仍能够坚定信念。中国高等教育发展道路是实践者与研究者通过共同努力铺就而来的,只有深入其中才能知其因果,因此未来的蓝图也应该是中国高等教育者们来勾画。旁观者不一定能够清楚了解实际状况,因此道路自信才是最佳选择。

道路自信来源于中国大学文化传统中的"北大精神""西南联大精神"等历史底蕴,也来源于中国革命文化传统中"为党育人""为国育才"的红色基因,还来源于改革开放以来的高等教育探索与成就。研究者需要充分认识中国高等教育的发展历程与历史经验,对当前及未来中国高等教育的发展与变革坚定信念、充满期待、出谋划策,使得高等教育发展的"中国道路"得到世界范围的广泛认可与包容理解,进而形成高等教育研究的中国气派与中国风格。中国高等教育发展之路过去不是将来也不会是一马平川,前进过程中的不同历史阶段、不同时间节点,总会面临各种难题和意想不到的挑战,这就需要高等教育研究者站在本土立场上进行理论阐释与创造,而不是站在他者立场上运用国外理论进行挑剔与指摘。

(三)坚定文化自信

文化自信是高等教育研究中国气派形成的灵魂。只有真正植根于中华文化土壤中,研究者的理想信念才是坚定的、强大的、自信的、进步的。现阶段,高等教育全球化势头迅猛,各种文化观点持续涌入,高等教育的思想意识呈现出多样化及复杂化的特征。当代高等教育研究者如何坚守心中的精神家园,文化自信发挥至关重要的作用。文化是每一个民族得以生存和繁衍的重要力量,高等教育研究中的文化自信是中国气派形成的核心,是构建中国风格的底气所在,是新时代中国高等教育屹立于世界之林的重要支撑。

高等教育研究中的文化自信之所以重要,是因为其具有更基础、更广泛、更深厚的独特价值。高等教育研究中的文化自信之所以有可能,是因为无论从历史、现实还是未来的各个维度来看,我们的文化自信都是有底气的。从历史角度看,我们的文化自信来源于悠久的文化传统、深厚的文化底蕴以及丰厚的文化资源。中华上下五千年的历程中,中华文明一脉长流、从未间断。中华传统文化中讲仁爱、重民本、守诚信、崇正义、求大同等思想理念,是中国气派高等教育研究的精神肌理。中华传统文化中因材施教、长善救失、兼容并包等教育观点,是中国气派高等教育研究的实践基石。中国大学传统中的书院精神、北大精神、西南联大精神等教育情怀,是中国气派高等教育研究的活力源泉。从现实角度看,我们的文化自信来源于中国特色的巨大成功以及当代中国高等教育取得的卓越成绩。自改革开放以来,我国走出了一条不同于西方模式,也有别于苏联模式的社会主义现代化道路。多所高校的一流学科相继达到世界顶尖水平,这是我们向世界交出的"成绩单"。这些也都是中国气派高等教育研究持续推进的重要基础。从未来角度看,我们的文化自信来源于学科自信与道路自信基础上对未来发展的正确认知。研究者们在马克思主义指导下,结合世情与国情主动把握高等教育发展规律,主动担当高等教育发展责任,这是中国气派对文化自信的推动与升华。

综上所述,潘懋元与阿特巴赫的三大理论分歧映射出中美两国高等教育研究的总体差异,同时折射出高等教育研究的中国气派。未来的中国高等教育研究需要进一步坚定学科自信、道路自信和文化自信,致力于打造具有中国气派的学科体系、学术体系和话语体系。

Three Theoretical Differences Between Pan Maoyuan and Philip G. Altbach

——Also Talking about the Chinese Style of Higher Education Research

Xie Debo   Ma Mengdi

(Dalian University of Technology Institute of Higher Education, Dalian 116024)

Abstract: Pan Maoyuan and Philip G. Altbach are important figures in higher education research. Although there is no direct academic dispute between Pan Maoyuan and Philip G. Altbach, these theoretical differences are not only eye-catching and thought-provoking, but also significant and far-reaching in higher education research paradigm, higher education development path, and higher education research standpoint. In the paradigm of higher education research, the former upholds the "discipline theory", and the latter upholds the "field theory". In the development path of higher education, the former emphasizes the "learning and transcendence theory", and the latter emphasizes the "dependent development theory". In the position of higher education research, the former adheres to the "cultural theme theory", and the latter adheres to the "cultural objective theory". Those three theoretical differences reflect the overall difference in higher education research between China and the United States, and at the same time reflect the Chinese style of higher education research. Therefore, higher education research needs to further strengthen discipline confidence, road confidence, and cultural confidence in the future in China, and strive to build the discipline system, academic system and discourse system with Chinese style.

Key words: Pan Maoyuan; Altbach; higher education research; theoretical differences; Chinese style

著作权使用声明

本书已许可中国知网以数字化方式复制、汇编、发行、信息网络传播本书全文。本书支付的稿酬已包含中国知网著作权使用费,所有署名作者向本书提交文章发表之行为视为同意上述声明。如有异议,请在投稿时说明,本书将按作者说明处理。

《中国高等教育评论》联系方式

通信地址:福建省厦门市思明区思明南路 422 号厦门
          大学黄宜弘楼(教育研究院)《中国高等教育
          评论》编辑部
电子邮箱:gjpl@xmu.edu.cn(仅咨询用.投稿请移步官网)
投稿网址:https://zgpl.cbpt.cnki.net
编辑部电话:0592-2187897

微信公众号